Débats philosophiques

Laurent-Michel Vacher
en collaboration avec
Jean-Claude Martin et Marie-José Daoust

Débats philosophiques

Une initiation

Liber

Les éditions Liber reçoivent des subventions du Conseil des arts du Canada, de la SODEC et du ministère du Patrimoine canadien (PADIE).

Éditions Liber, 2318, rue Bélanger, Montréal, Québec, H2G 1C8; téléphone : (514) 522-3227, télécopie : (514) 522-2007, courriel : edliber@ cam.org

Distribution (Canada) : Diffusion Dimedia, 539, boulevard Lebeau, Saint-Laurent, Québec, H4N 1S2 ; téléphone : (514) 336-3941, télécopie : (514) 331-3916, courriel : general@dimedia.qc.ca

Distribution (Europe) : DEQ, Diffusion de l'édition québécoise, 30, rue Gay-Lussac, 75005 Paris ; téléphone : 01 43.54.49.02, télécopie : 01 43.54.39.15, courriel : liquebec@noos.fr

Dépôt légal : 4ᵉ trimestre 2002
Bibliothèque nationale du Québec

Introduction

Pourquoi proposer, avec ces *Débats philosophiques*, une autre initiation à notre discipline alors qu'il en existe déjà tant, dont assurément beaucoup sont excellentes ? Notre réponse sera double, mi-positive, mi-négative : pour mettre au premier plan les *idées* et leurs *justifications*, tout en essayant de détourner un peu l'attention, si possible, des « grands auteurs » et de l'histoire de la philosophie, dont nous ne parlerons presque pas.

En effet, nous déplorons la tendance, selon nous dominante dans la littérature d'initiation philosophique, à privilégier systématiquement des considérations de type historique ou textuel [1]. Est-il besoin de le préciser, nous n'avons rien contre l'histoire de la philosophie en tant que telle, ni contre l'étude

---

1. Une bonne partie des ouvrages introductifs se contentent de brosser purement et simplement un panorama chronologique, plus ou moins cursif ou détaillé selon le cas, des grands auteurs et des grandes œuvres, allant des présocratiques à Heidegger. Une autre partie adopte une présentation thématique (Dieu, la nature, l'homme, la liberté, la justice, la société, le pouvoir, l'histoire, etc.), mais c'est pour mieux « traiter » ensuite chacun de ces thèmes au moyen du même type de « revue de ce qu'ont dit » quelques penseurs célèbres. Un dernier groupe combine ces deux approches, mais avec la particularité de se placer dans l'optique d'une mise en valeur des idées personnelles de l'auteur, ce qui a parfois pour effet d'étoffer un peu l'argumentation (voir par exemple A. Comte-Sponville, *Présentations de la philosophie*, Paris, Albin Michel, 2000, et F. Savater, *Penser sa vie*, Paris, Seuil, 2000).

des grands livres classiques : ce sont, dans leur ordre propre, des projets légitimes qui constituent l'un des aspects dignes d'être cultivés dans toute forme de vie philosophique complète. Nous sommes, par contre, convaincus que la quasi-exclusivité accordée, dans les manuels et dans la pratique pédagogique, à ce type d'approche, est difficilement justifiable et contribue à trahir l'essentiel de ce que devrait être notre discipline.

Car si on la conçoit comme une entreprise théorique à la fois rationnelle et critique, la philosophie n'est-elle pas composée avant tout d'idées ou de raisonnements plutôt que d'opinions personnelles, fût-ce celles de génies comme Platon, Descartes ou Kant ? N'est-elle pas faite de pensées, de thèses, de conceptions et d'argumentations essentiellement impersonnelles, en principe, et non pas d'abord de textes individuels — ce qui serait au contraire le cas pour la poésie ou le roman, par exemple ? Comme le rappelait récemment Fernando Savater, se réclamant en cela de Kierkegaard, « une idée n'est pas la même chose qu'une "formule verbale"[2] ». En s'attachant prioritairement à la lettre des écrits de tel ou tel penseur du passé plutôt qu'au résultat intellectuel cumulatif de tout l'effort collectif de réflexion de l'ensemble des philosophes jusqu'à aujourd'hui, on court inévitablement le risque d'aboutir à une sorte de distorsion « littéraire » de notre discipline. Un étudiant ainsi formé est sans doute « cultivé », en ce sens qu'il peut nommer et décrire les œuvres et les opinions de chaque grand auteur ; il n'est pas nécessairement plus outillé pour autant du point de vue théorique, argumentatif, rationnel et critique.

Bref, il nous semblait qu'en philosophie l'essentiel devrait manifestement résider dans la triade questions-thèses-arguments, et c'est ce que nous avons tenté de présenter, à un niveau élémentaire, dans les textes qui suivent. À travers une longue

---

2. F. Savater, *op. cit.*, p. 264 : « Kierkegaard conseille avec raison de se méfier de toute prétendue pensée qui ne peut "se dire" que d'une certaine manière, et il ajoute que changer alors d'expression est un signe d'honnêteté : une idée n'est pas la même chose qu'une "formule verbale". »

tradition, certes jalonnée d'illustres penseurs et de livres célèbres, l'esprit humain a peu à peu formulé des problèmes, exploré les réponses possibles et tenté de raisonner et de justifier les diverses positions concevables. Pour nous, un philosophe bien formé ne devrait donc pas être d'abord celui qui serait apte à commenter les écrits des auteurs classiques ou modernes, mais plutôt quelqu'un qui maîtriserait les grandes ou petites interrogations, les principales théories disponibles pour y répondre et l'essentiel de l'argumentation étayant ou critiquant chacune d'elles.

Nous proposons donc simplement ici quelques problématiques philosophiques, développées sans références explicites aux grands textes ni aux génies du passé — et, de surcroît, sans volonté de privilégier nos propres convictions. Pour chaque question, nous avons cherché à illustrer comment pourrait se présenter le débat et à dégager quelques lignes de défense typiques de chaque courant retenu. Les courts exposés qui en ont résulté sont en quelque sorte anonymes et n'ont, si l'on ose dire, aucun auteur individuel digne de mention : ce sont des *positions* qui s'y expriment plus que des personnes [3].

Cela posé, il va sans dire que nous ne prétendons offrir ni *toutes les positions possibles* ni, moins encore, *tous leurs arguments*, mais seulement un aperçu introductif de certains aspects représentatifs. Notre but est de proposer à des néophytes un avant-goût de l'aventure philosophique, sans plus. Nous ne dirions assurément pas à nos lecteurs : « Grâce à nous, vous saurez tout de la philosophie ! » Nous souhaitons en revanche que, si notre travail n'a pas été trop mal fait, on aura une petite idée du genre de ruminations qui trottent dans la tête des philosophes — et nous espérons qu'une fois attiré par le débat on se prendra au jeu.

À ce propos, nous aimerions préciser encore une chose. Comme nous l'avons signalé, certaines des positions soutenues

---

3. Si ces pastiches se réclamaient d'un auteur censément original, on pourrait sans doute parler ici ou là de plagiat, car nous ne nous sommes pas interdit de reprendre ou de transposer telle formulation typique et symptomatique.

dans les textes qui suivent sont diamétralement opposées aux nôtres. Nous nous sommes parfois demandé si, en mettant les unes et les autres sur le même plan, nous n'encouragions pas indûment l'idée que toutes les doctrines se vaudraient. Pourtant, nous osons croire que le choix entre les diverses options philosophiques ne relève pas, en dernier ressort, des préférences subjectives ni de la personnalité de chacun. Ce sont les arguments qui comptent. Loin de nous, par conséquent, l'idée de favoriser une sorte de tourisme intellectuel ou de relativisme facile et irrationnel, du genre: «Composez votre petit profil philosophique individuel, en choisissant ce qui vous tente dans le supermarché des idées, où tout se vaut.»

À notre avis, les différentes théories *ne* reviennent *pas* au même et se décider entre elles n'est pas une affaire de goût. Il s'agit au contraire de faire travailler son esprit critique, de raisonner, de comparer les arguments et d'évaluer leur pertinence. Simplement, vu le genre de questions dont il s'agit, l'exposé de quelques arguments typiques des deux parties principales à un débat nous a semblé être la meilleure, voire la seule façon, de provoquer la réflexion des lecteurs auxquels nous nous adressons.

Nous dirions donc que, sans être de valeur équivalente à nos yeux, les diverses thèses présentées ont toutes une certaine importance, ainsi que des justifications méritant d'être prises en considération, et que ce pourrait être un excellent exercice d'en peser le plus attentivement possible le *pour* et le *contre*, d'évaluer les raisons et les objections, de prolonger l'argumentation et de réfléchir sérieusement aux problèmes soulevés et aux conclusions avancées, en cherchant honnêtement ce qui est le plus rationnel, le plus plausible ou le plus défendable, compte tenu des connaissances disponibles et des conséquences prévisibles — sans perdre de vue toutefois que la cohabitation conflictuelle de thèses opposées demeure, pour le meilleur et pour le pire, l'une des caractéristiques objectives de l'arène philosophique, et de la vie en général.

La méthode que nous privilégions est celle de l'examen critique des discours concernant les grandes ou petites questions qui sollicitent l'humanité, afin d'évaluer leur crédibilité. Ce projet relève de la recherche de la vérité, dans laquelle s'inscrit toute démarche rationnelle s'efforçant, quand une certitude démontrée et prouvée lui fait défaut, de juger du plus crédible et du plus pertinent : «Aie le courage de te servir de ton propre entendement» (Kant).

Pour terminer, nous aimerions répondre par avance à la question de savoir à quel type de lecteurs nous nous adressons et quel niveau de connaissances ou de culture nos textes présupposent. Nous n'avons pas cherché systématiquement à viser le plus petit commun dénominateur ni à tout simplifier à outrance. Nous nous sommes efforcés de demeurer lisibles et de nous expliquer aussi clairement que possible. Mais la nature même des sujets débattus demandait quelquefois un niveau d'abstraction assez élevé ou une densité de contenu relativement exigeante.

Tandis que certains jugeront que nous avons vulgarisé à l'excès des théories grandioses ou abyssales, d'autres nous reprocheront d'être, ici ou là, incompréhensibles à l'adolescent moyen. Nous ne prétendrons aucunement avoir résolu ce qui nous apparaît comme une véritable quadrature du cercle. Nous espérons seulement que grâce à un peu d'effort, peut-être en relisant avec persévérance certains passages plus difficiles (ou, le cas échéant, en se faisant aider par un professeur), tous, même l'élève débutant, devraient pouvoir appréhender l'essentiel.

LAURENT-MICHEL VACHER
JEAN-CLAUDE MARTIN et MARIE-JOSÉ DAOUST

I

Que pouvons-nous savoir ?

Doutes sur notre connaissance
de la réalité extérieure
(Un plaidoyer pour la position sceptique)

Toute la philosophie conduit à remarquer
l'aveuglement et la faiblesse de l'homme.

DAVID HUME

Je voudrais vous expliquer pourquoi je doute fortement que
nous puissions acquérir une véritable connaissance fidèle de
réalités extérieures à notre esprit.

Mais avant, je tiens à ce que nous nous entendions bien sur
deux idées préalables. Premièrement, je n'ai pas l'intention de
m'interroger ici sur le problème métaphysique de l'*existence même*
d'un monde qui nous entoure. Au contraire, je vais plutôt vous
proposer de tenir pour acquise la possibilité de cette existence,
après quoi je n'en discuterai pas davantage. Car la question que
je souhaite aborder est de nature strictement épistémologique :
à supposer qu'il existe, *que pourrions-nous savoir* de ce monde
extérieur ?

En second lieu, il doit être clair que je ne prétends pas *être
certain* que nous ne connaissons pas la réalité extérieure, mais
seulement *avoir des raisons suffisantes pour en douter*, ce qui n'est
pas la même chose. Il se pourrait, en effet, que nous ayons tantôt

une connaissance plus ou moins valable ou approchée de diverses choses ou aspects des choses, et tantôt *aucune* connaissance de certaines autres choses. Ce que je crois, c'est que nous ne sommes absolument pas en mesure de distinguer ces deux éventualités et que, par conséquent, nous en sommes réduits à une incertitude générale sur ce sujet.

Mon scepticisme ne cherche donc aucunement à se présenter comme une vérité assurée ; tout au contraire, c'est essentiellement une entreprise de dissolution des dogmatismes qui, trop fréquemment, se font passer pour des certitudes établies — dissolution dont il serait tristement contradictoire qu'elle cherche à devenir elle-même à son tour un dogmatisme nouveau s'opposant aux anciens.

Sur ces bases, je voudrais examiner quelques-uns de ces motifs d'incertitude auxquels je viens de faire allusion. Une première raison qui se présente et qui peut renforcer nos doutes sur la connaissance humaine, c'est la nature même de la subjectivité et de la pensée. En effet, de par sa constitution, notre conscience n'a d'accès intuitif direct qu'à ses propres sensations et autres états internes, ce que confirme l'impossibilité où nous sommes d'en douter réellement (alors que nous pouvons légitimement douter de tout le reste) : si je ressens une douleur, je ne peux douter de ressentir une douleur ; si je perçois une couleur rouge, je ne peux douter de percevoir une couleur rouge. Mais tout le reste est entaché d'un coefficient d'incertitude.

En ce sens, nous sommes par conséquent irrémédiablement enfermés dans le théâtre de notre esprit. Nos sensations, nos perceptions, nos observations, nos expériences, nos représentations, nos idées et nos impressions, qui en dernière analyse sont toutes de simples états mentaux subjectifs, constituent notre seul capital cognitif indubitable, auquel nous rapportons tout. La preuve : si nous n'étions qu'un cerveau dans un bocal exposé uniquement à des séries de stimulations cohérentes et ordonnées, provoquées par un giga-ordinateur programmé par des extraterrestres, comment pourrions-nous le découvrir ?

Dans une telle hypothèse, les apparences subjectives qui, au bout du compte, semblent bien être le seul matériau dont nous disposions, seraient intégralement « sauvegardées » et, donc, nous n'y verrions nécessairement que du feu : bien qu'alors les « choses » extérieures en elles-mêmes soient absentes, nous n'en saurions rien. N'est-ce pas d'ailleurs plus ou moins ce qui se produit dans les erreurs des sens, les mirages, le rêve, les délires, l'ivresse, la folie ou les hallucinations ? En fait, le point le plus troublant de ce genre de considérations sur la perception sensible, c'est que dans de tels cas nous sommes apparemment tout aussi convaincus de la réalité de nos croyances que nous pouvons l'être dans l'état réputé normal de notre vie éveillée de chaque jour. À quoi nous raccrocher qui puisse nous garantir de ne pas nous tromper, si l'illusion s'impose à notre esprit avec une force égale à la vérité et si le faux peut revêtir la même apparence que le vrai ?

Par exemple, l'univers complexe et coloré de nos rêves ne se présente-t-il pas parfois à nous avec une troublante évidence ? Si nous admettons que les rêves ne sont qu'une expérience pure-ment subjective, en quoi notre conclusion pourrait-elle être différente pour n'importe quelle autre image ? Pourquoi la couleur, le son, le goût ou l'odeur auraient-ils une existence plus objective et moins intérieure, alors que le cas des daltoniens est là pour nous rappeler que la qualité de nos impressions dépend souvent davantage de notre constitution que d'hypothétiques caractéristiques inhérentes aux objets eux-mêmes ? Les qualités sensibles ne semblent-elles pas, plus on y réfléchit, se ramener à de simples affections intérieures d'un esprit ? Davantage même, qui nous prouve que l'espace et le temps ne soient pas simplement l'effet de structures mentales que nous imposerions à toutes nos représentations mais qui ne correspondraient à rien de réel ?

La perception sensible passe généralement pour notre source la plus sûre de connaissances à propos des choses qui nous entourent. Mais le toucher nous dit que le bâton plongé dans l'eau est droit alors que nos yeux nous le montrent brisé, et nous voyons, de loin, une flaque d'eau dans le désert que, de près, nous ne retrouvons plus. De tels exemples seraient légion, et malheureusement, dans bien des cas, rien ne nous autorise à choisir avec une assurance bien fondée l'une de ces perceptions aux dépens de l'autre, avec pour résultat apparent que les « corrections » d'une perception par une autre ne sauraient valoir, à la fin du compte, que ce que vaut toute perception, c'est-à-dire rien d'évident ni d'absolu. Dans de telles conditions, ne serait-il pas plus prudent de reconnaître à quel point le témoignage de nos sens est incertain et variable ?

En outre, remarque-t-on suffisamment que certains animaux, privés de la vue ou de l'ouïe par exemple, ne semblent pas en ressentir le défaut ? Mais alors, ne se pourrait-il pas qu'à notre insu il nous manque également quelque moyen de perception nous privant d'informations qui resteraient, par conséquent, tout à fait insoupçonnables pour nous ? La connaissance sensible apparaît ainsi comme structurellement conditionnée et limitée, relative à la nature de nos esprits comme aux conditions dans lesquelles se trouvent à la fois l'objet et le sujet. Toutes nos expériences sont irrémédiablement subjectives et il est invraisemblable que jamais deux êtres vivants aient exactement les mêmes. Si nous ne pouvons être certains de la validité de nos perceptions, comment espérer être en possession d'une connaissance vraie du monde extérieur ? Ne serait-il pas préférable, en conséquence, de prendre acte de l'incapacité de nos sens à nous faire connaître les choses telles qu'elles sont en elles-mêmes et d'admettre que nos savoirs empiriques ne puissent avoir qu'un caractère relatif ?

Encore une fois, qu'on me comprenne bien : je ne prétends pas que nous possédions des raisons suffisantes pour affirmer avec certitude que les apparences subjectives n'aient aucun rapport avec des objets réellement existants. Au fond, je n'en sais rien. Tout ce que je soutiens, c'est que nous avons de bonnes raisons pour nourrir des doutes, et même, ce qui en un sens est encore plus grave, d'excellentes raisons pour estimer qu'il soit, par définition, impossible d'espérer pouvoir un jour lever ces doutes, puisque aucune situation ne paraît réalisable où nous serions à même de transgresser le cercle enchanté de nos esprits pour en confronter le contenu avec une réalité externe et indépendante.

«Sortir de ma conscience» serait une contradiction dans les termes et il me semble donc inconcevable que nous soyons jamais en mesure de comparer nos représentations avec les choses en soi. Car quoi que nous fassions, aucun effort ne saurait nous permettre de franchir les limites de notre intériorité pour découvrir miraculeusement ce que les objets sont réellement en dehors de notre esprit. Certes, on pourrait malgré tout espérer que nos sensations et nos perceptions ont un certain degré de vraisemblance, puisqu'il semble bien qu'elles soient en tout cas suffisantes à notre vie courante. Mais rien ne nous justifierait d'aller au-delà d'une telle appréciation, essentiellement pragmatique et probabiliste, pour nous imaginer *assurés* d'être dans la vérité.

Un second motif déterminant pour douter que la pensée humaine soit capable d'une véritable connaissance des choses, c'est la relativité des opinions. D'une personne à l'autre, d'une culture à l'autre, d'une époque à l'autre, les questions les plus simples portant sur la réalité ont reçu, toujours avec la même conviction, des réponses divergentes, incompatibles, contradictoires. Bien entendu, les partisans de chacune de ces croyances ont également produit toute une gamme d'explications destinées à rendre compte des erreurs des autres ! Mais comme, à ce niveau second ou supérieur, on se trouve confronté de part et d'autre aux mêmes divergences et au même degré de conviction (et de mésentente) qu'au premier niveau, nous ne sommes pas plus avancés. Qui a raison, si les humains ne sont d'accord sur à peu près rien d'important ? Et en vertu de quoi l'un de nous pourrait-il imaginer qu'il se trouverait lui-même dans une position privilégiée l'autorisant à trancher, alors qu'en émettant son opinion il ne ferait sans doute qu'ajouter un élément supplémentaire de discorde ?

Allons plus loin. Si quelqu'un *savait* une chose hors de tout doute possible, il aurait raison de se déclarer absolument certain de posséder la vérité à ce propos, puisque connaître au sens fort implique clairement une certitude légitime et bien fondée. Mais cette conclusion nous apparaît, si nous y réfléchissons un instant à la lumière de l'histoire des opinions humaines, comme tout à fait déraisonnable : se croire parfaitement certain de quoi que ce soit serait dangereusement dogmatique et assurément bien imprudent. C'est pourquoi il serait préférable de conclure que nul ne connaît ni ne sait jamais rien au sens fort de ces termes, c'est-à-dire hors de tout doute raisonnable.

La logique, dira-t-on peut-être, ne nous offre-t-elle pas tout au moins une garantie solide de rationalité ? Rien n'est moins sûr. En effet, toute déduction repose, inévitablement, sur des prémisses, prémisses dont la validité elle-même doit à son tour être établie de manière indépendante. Prenons le simple syllogisme classique : Tout homme est mortel, or Socrate est un homme, donc Socrate est mortel. Comment pourrions-nous poser au départ que *tout homme* soit mortel si nous ne savions pas d'avance que Socrate lui-même, qui est un homme, est mortel ? Ce type de syllogisme se présente donc inévitablement comme une sorte de cercle vicieux, dont la valeur démonstrative s'avère, au mieux, douteuse. Pourtant, il paraît humainement peu discutable que, si une proposition quelconque n'est pas démontrée, il n'y a aucune raison vraiment déterminante pour l'accepter ; la démontrer ne pourrait se faire qu'au moyen d'un principe plus élevé.

Si nous prétendons tirer ce principe d'une induction allant du particulier au général, comme c'est le cas pour « *tous* les hommes sont mortels », à partir de combien d'observations individuelles exactement nous estimerons-nous fondés à dire « tous » ? Il faudrait manifestement pouvoir examiner un nombre de cas indéterminé et parfois infini, ce qui est impossible.

Si par contre nous voulions le démontrer à partir d'un autre principe supérieur, nous voilà renvoyés à une régression indéfinie : l'argument invoqué en faveur du premier principe devra être justifié par un autre argument, qui devrait lui-même faire l'objet d'une preuve, et ainsi de suite sans fin. Et si, pour éviter cette difficulté, nous renoncions à le démontrer, nous commettrions une pétition de principe, faute logique impardonnable qui invaliderait notre entreprise déductive, la laissant suspendue dans le vide ou l'arbitraire. Bref, tout suggère que la soi-disant solidité rationnelle de la logique ne repose en fait que sur de bien fragiles apparences.

À ce point, quelqu'un va probablement m'objecter que les sciences modernes ont amplement fait la preuve de leur validité cognitive, en particulier grâce au succès indiscutable de leurs applications pratiques. Comment mettre en cause la vérité des grandes théories de la physique, de la chimie ou de la biologie ? Si nos conceptions scientifiques n'étaient pas vraies, par quel miracle leurs calculs nous permettraient-ils, par exemple, d'aller sans encombre sur la Lune ? Au premier abord, l'argument semble décisif. Les choses pourtant ne sont pas si simples. À l'analyse, les épistémologues et les historiens de la pensée scientifique ont conclu en général que l'acceptation des théories reposait sur des critères comme la conformité aux observations, la simplicité relative, la cohérence, la concordance approximative avec l'expérience ou la capacité prédictive. Mais à bien y penser, aucun de ces facteurs ne nous entraîne au-delà de l'univers perceptif, dont nous avons vu à l'instant le caractère douteux. Sans doute le passé devrait-il ici nous servir de mise en garde : toutes les conceptions scientifiques ayant précédé les nôtres ont été, tôt ou tard, mises en question ou renversées, ce qui suggère qu'il est loin d'être impossible qu'un jour les doctrines actuellement acceptées le soient à leur tour.

La plupart des théories scientifiques, si l'on y regarde de plus près, ne sont que des dispositifs de calcul, des artifices symboliques commodes, des méthodes acceptables de représentation des phénomènes. Cela signifie-t-il que les concepts scientifiques soient le reflet objectivement fidèle de la réalité ? Rien n'est moins sûr. On peut seulement soutenir qu'ils se sont révélés utiles pour organiser, synthétiser, déduire ou prévoir des observations, mais cela nous permet tout au plus de croire qu'ils nous procurent une certaine version empiriquement acceptable de ce que nous livrent nos sens et nos capacités observationnelles. Les régularités décrites par les diverses sciences sont, jusqu'à plus ample informé, relativement conformes à notre expérience. Voilà tout ce qu'on est en mesure d'affirmer avec assurance. D'autres théories, complètement différentes, pourraient-elles se révéler un jour aussi conformes, ou davantage, à cet univers phénoménal ? Nous l'ignorons.

Les entités postulées par beaucoup de nos conceptions actuelles (les quatre forces physiques, les particules élémentaires comme les quarks, les trous noirs, ou encore l'évolution des espèces par sélection naturelle) existent-elles véritablement ou ne sont-elles que des fictions efficaces ? On peut sérieusement se poser la question lorsqu'on constate que certaines des descriptions qu'en donnent nos meilleures théories, par exemple la relativité générale et la physique quantique, sont inconciliables ou contradictoires. Les philosophies réalistes et antiréalistes s'affrontent d'ailleurs depuis des générations sur ces difficiles problèmes d'interprétation sans parvenir au moindre résultat tangible.

De ce point de vue, je crois qu'il faudrait aller plus loin et avouer que la philosophie tout entière apparaît fort mal armée pour venir défendre l'hypothèse d'une capacité de l'esprit humain à appréhender la vérité. Au terme de leurs spéculations, les philosophes ne sont-ils pas en effet régulièrement parvenus à des conclusions si étranges, si diverses et si souvent diamétralement opposées qu'on voit mal qui pourrait encore leur accorder crédit ? Il n'est, dans l'histoire des idées, pas un argument qui ne puisse être contredit par un argument contraire tout aussi convaincant en apparence, pas une thèse à laquelle on ne puisse opposer une antithèse aussi vraisemblable. On pourrait imaginer un livre de philosophie où, à chaque énoncé d'une position et de ses diverses justifications, on opposerait aussitôt l'inverse avec une égale force de persuasion et sans qu'aucune perspective de résolution des problèmes ne pointe à l'horizon.

Il en découle que toutes nos théories concernant la réalité sembleraient bien être, en dernière analyse, relatives aux structures mêmes de notre sensibilité et de notre constitution mentale, lesquelles n'ont aucun titre à la perfection. Le plus sage ne serait-il pas d'envisager la possibilité que l'esprit humain ne puisse atteindre en général que les apparences ou les phéno-mènes, et probablement jamais la nature intime ou l'essence vraie des choses prises en elles-mêmes? Je peux dire comment le monde m'apparaît, mais puis-je croire que je saisisse comment il est *véritablement*? Nous ne pouvons pas en être certains, mais l'univers tel qu'il s'offre à nous et tel que les sciences nous le représentent n'est sans doute pas une image fidèle de la réalité en soi, seulement une construction, toute relative et incertaine, de notre bien fragile intelligence.

J'aimerais, pour terminer, risquer quelques commentaires sur l'entreprise philosophique. L'observation du passé nous suggère que la pente naturelle de la réflexion des philosophes semble bien être le *dogmatisme de l'affirmation*. Et pourtant, sans le doute radical, quelle pensée oserait se prétendre à la hauteur du projet de Platon, Montaigne, Descartes, Hume, Kant ou Husserl? Le doute par lequel un penseur reconnaît avec Socrate que « tout ce que je sais, c'est que je ne sais rien » revêt ici une dimension existentielle et tragique, puisqu'il nous renvoie à la situation paradoxale de la pensée humaine, constamment en quête d'une vérité qu'elle se révélerait impuissante à saisir de façon définitive ou absolue.

Le résultat de ces considérations, ne serait-ce pas avant tout une prise de conscience, rigoureuse, convaincante et exigeante, de la faiblesse et des limitations inhérentes à l'esprit humain, de l'inaptitude essentielle où nous sommes d'atteindre l'Être en soi ou la Vérité intégrale ? N'avons-nous pas le plus pressant besoin d'une telle leçon d'humilité intellectuelle ? Le plus haut degré de sagesse humainement accessible ne consisterait-il pas à avouer notre ignorance ?

Pensées sur la connaissance de la réalité
(Une défense du réalisme)

L'erreur de base commise en général par ceux qui craignent que l'esprit humain ne puisse jamais être assuré d'atteindre le réel extérieur, c'est de se croire obligés de poser la *conscience* ou la *subjectivité* comme unique point de départ se suffisant à lui-même — comme si « je pense » était une vérité première, plus fondamentale que « les choses existent » ou « nous sommes au monde ». Ce postulat initial engage dans une impasse ruineuse toute la suite de leurs réflexions.

Selon moi, c'est exactement le contraire qui devrait s'imposer à la moindre recherche sur la connaissance humaine : en effet, *tout* nous indique que l'univers était là *bien avant* notre pensée, la vie animale *bien avant* l'émergence de l'espèce humaine, l'enfant que nous avons été *bien avant* l'adulte que nous sommes devenus, notre corps *avant* notre intelligence, nos sensations *avant* nos idées abstraites et l'expérience quotidienne *avant le*s théories scientifiques. À mon avis, et sous bénéfice d'un inventaire critique ultérieur (cela va sans dire), il suffirait de prendre en compte ces données évidentes du sens commun pour aborder, sinon résoudre, le problème de la connaissance sous un angle entièrement différent et beaucoup plus fructueux.

•

Bien entendu, il est évident que la vérité (surtout une vérité *absolue*) *n'est pas* l'état permanent ni garanti d'avance de l'intelligence en quête de savoir. Il s'en faut de beaucoup. L'erreur existe, aucune discussion là-dessus. Mais loin de constituer un motif pour douter de tout, le fait de nos erreurs de jugement représenterait plutôt une raison importante pour ne pas tout mettre en doute.

Car le concept même d'erreur n'est concevable que par rapport à celui de connaissance relativement valide, dont il dérive : si le cerveau humain était systématiquement et universellement hors du vrai, l'idée même d'erreur n'aurait aucun sens. Dès qu'un humain réalise s'être trompé et se trouve en mesure de comparer un jugement erroné avec un jugement meilleur sur le même phénomène, l'éventualité qu'il soit perpétuellement condamné à l'erreur disparaît. De très loin, la tour me paraissait ronde, mais de près, elle est manifestement et indubitablement carrée, et c'est uniquement grâce à cela que je peux prendre conscience de mon erreur antérieure.

•

Il est absurde d'exiger que la connaissance humaine, pour être valide, soit parfaite et absolue : nos savoirs sont le plus souvent partiels, approchés, relatifs à tel ou tel point de vue, limités à tel ou tel aspect, etc., sans que cela annule en aucune façon leur valeur de connaissance.

Poser arbitrairement l'axiome selon lequel *seul un savoir complet et définitif de la totalité de chaque chose mériterait le nom de « connaissance »*, c'est s'enfermer dans un cercle vicieux nous condamnant à conclure à l'impossibilité de toute connaissance. Nous devrions probablement reconnaître ici la laïcisation d'un vieux désir d'absolu, l'être humain ayant beaucoup de difficulté à accepter ses limites et sa contingence.

Après trente ans de vie commune, il est probable que je ne sache pas *tout* de ma compagne. Mais cela ne veut évidemment pas dire que je ne la connaisse pas ni ne sache rien d'elle !

•

L'une des meilleures réfutations du scepticisme, c'est la *croyance pratique vitale* et l'*épreuve de l'expérience* qui nous la fournissent. Si le sceptique suspendait véritablement son jugement, devant un précipice il devrait tirer à pile ou face pour savoir s'il va s'arrêter ou continuer son chemin. Mais non. Il *sait*, hors de tout doute raisonnable, qu'il tomberait s'il faisait un pas de plus.

Le fondement de mon réalisme de la connaissance se trouve très exactement ici : « expérience sensible » veut dire connaissance immédiate par présence de l'objet connu au sujet connaissant et agissant.

Une théorie de la connaissance qui ne tiendrait pas compte de l'action serait condamnée à l'échec. La connaissance humaine, en particulier, est un moment de l'action de notre espèce en vue de préserver sa vie, d'éviter les dangers, de satisfaire ses besoins, de transformer la nature et de maîtriser son environnement. Aussi, la confirmation de la valeur de nos connaissances scientifiques du monde se trouve-t-elle en bonne partie dans nos interventions efficaces dans le monde, bref, dans l'efficience de nos gestes et de nos techniques.

•

L'expérience pratique est la source primordiale de notre savoir, toutes les autres connaissances indirectes présupposant une telle épreuve directe préalable sans laquelle elles seraient inconcevables.

Devant le précipice, il est impossible de douter que la chose perçue existe et soit réelle, *puisque je la vois* : ce qui ne serait pas réel ne pourrait aucunement, dans des conditions normales, affecter ainsi mes organes sensoriels et occuper de telle manière le champ de ma conscience.

Impossible également de douter que cette réalité soit distincte de moi : je la saisis concrètement comme distante de mon corps. Impossible enfin de la croire engendrée par mon activité subjective : je n'ai aucunement conscience de produire par moi-même ce précipice qui, à l'inverse, s'impose irrésistiblement à moi et dont je subis l'irruption, d'ailleurs potentiellement mortifère.

•

Il n'est pas faux de remarquer que l'une des conditions de toute connaissance, c'est une forme de présence des choses *à l'esprit* ou *dans la conscience*. Certes, par définition, un objet qui n'aurait aucune relation quelconque avec ma pensée ne pourrait être connu par moi, et il est donc juste de souligner que nous ne pourrions pas appréhender ce qui est objectif si nous faisions disparaître ce qu'il y a de «subjectif» dans tout savoir. Celui qui *perd connaissance* ne peut plus rien connaître, et dans un état d'inconscience complète on ne saurait évidemment être conscient de *rien*.

Mais ce truisme n'entraîne absolument pas la conclusion que mon cerveau soit enfermé en lui-même et que je ne puisse connaître que le contenu de ma propre conscience *et non pas le monde extérieur*. En effet, même vraie, la proposition qu'*il n'y a de sensation ou de savoir que pour un sujet* n'empêche aucunement le contenu de nos sensations et de nos savoirs d'être doté d'un caractère, d'une portée et d'une signification essentiellement *objectifs* — et ce, quelle que soit la part nécessaire de notre subjectivité.

C'est bien *moi* qui connais. Pas de moi, pas de connaissance. Mais c'est le monde extérieur que je connais, et non pas simplement moi-même.

•

Il serait absurde de parler d'apparences sans rien qui apparaisse. Dans la sensation et l'expérience, ce qui nous est donné — au sein même de notre pensée, esprit ou conscience —, ce sont les choses existantes et non pas seulement nos idées.

Car la sensation, la représentation, la pensée ne sont pas elles-mêmes ce qui est connu, mais plutôt les moyens par lesquels nous connaissons des êtres réellement existants. Nous rencontrons des faits objectifs et indépendants de nous, qui ne sont pas construits par notre activité subjective, laquelle au contraire témoigne d'une capacité naturelle d'ouverture intentionnelle aux choses.

Quand nous voyons le précipice à nos pieds, nous ne percevons ni ce qui se passe dans notre œil, ou dans notre nerf optique, ou dans les aires visuelles de notre cerveau, ni ce qui se passe dans notre esprit : nous percevons ce qui se trouve à l'extérieur de nous-mêmes, dont nos sensations nous fournissent un reflet suffisamment *fidèle et véridique* — même s'il n'est qu'*approché* et non parfait sous tous rapports.

•

Bref, la connaissance humaine ne se nourrit pas de sa propre activité, mais bien d'un donné factuel qui s'introduit en elle par les voies sensorielles, c'est-à-dire d'une objectivité externe qui s'impose à elle. Nos organes des sens sont comme des antennes grâce auxquelles le monde corporel, physique et matériel qui nous environne communique avec nous.

Tout cela ne devient compréhensible que sur la base d'une interprétation faisant des objets de notre savoir les *causes premières* de ce même savoir. Cela nous demande d'admettre qu'il y a dans la connaissance une part de passivité foncière de l'esprit humain : nous devons attendre, pour connaître, qu'un objet nous soit présenté, par la sensibilité et la pratique, dans des conditions suffisamment propices. La connaissance humaine part nécessairement de l'expérience sensible, qui par nature a pour fonction biologique de nous mettre en rapport avec le réel ambiant.

Or l'observation la plus simple et la plus constante, étayée par toutes les recherches scientifiques, nous suggère effectivement qu'un pan entier de notre vie physique et mentale est de l'ordre de la réceptivité assimilatrice : les organes des sens sont par nature des mécanismes enregistreurs et analyseurs occupés à transmettre et à refléter chacun un aspect du milieu environnant ; par leur entremise, les choses de notre environnement se présentent à nous, s'imposent à nous, nous touchent, pénètrent en nous directement ou indirectement.

C'est ce que confirmerait, si besoin était, le fait que nos savoirs apparaissent comme des résultats, explicables par toute une histoire causale : les humains n'ont pas cru a priori en la radioactivité ; ils n'y ont cru qu'à partir du jour où ils l'ont *rencontrée* grâce à une observation effectuée dans un contexte favorable — en l'occurrence, l'observation de la luminescence du radium, en 1898, à Paris, dans le laboratoire, incroyablement rudimentaire à nos yeux, de deux jeunes chercheurs passionnés et acharnés, Pierre et Marie Curie.

●

Le principe, absurde et gratuit, sur lequel reposent les doutes quant à notre capacité de connaître, c'est celui d'une *immanence à l'esprit* de toutes nos pensées, voulant que nous soyons *enfermés dans notre conscience* et coupés de toute altérité ontologique, affirmant par conséquent que *nécessairement* tout objet de pensée serait de nature exclusivement mentale. Diverses entités cognitives (idées, images, représentations, concepts, etc.) seraient donc *tout ce à quoi* nous aurions accès — mais jamais les choses elles-mêmes.

Cette conception intenable oublie seulement de tenir compte du fait que, dans des conditions normales, il ne peut y avoir de sensation sans l'action et l'influence actuelles d'un agent matériel sur nos organes des sens. Je vois le précipice parce que je suis physiquement plongé dans l'univers naturel. Si le cerveau humain peut connaître la réalité, c'est d'abord parce qu'il en fait partie.

●

Qu'est-ce qu'une sensation ? Dès la petite enfance, l'être vivant est bombardé d'influences matérielles diverses provoquées sur son corps par le milieu ambiant, et d'effets physiques que les objets extérieurs lui causent et auxquels son organisme réagit. Les cinq sens ne tirent pas d'eux-mêmes les contenus de sensation qu'ils nous procurent, ils les reçoivent plutôt bel et bien de l'action exercée sur eux par divers aspects du monde extérieur réellement présent alentour de notre corps.

C'est pourquoi, dans des circonstances normales, on ne peut ni ignorer qu'on sent quelque chose, ni douter de ce qu'on perçoit. Si je vois à mes pieds le précipice de tout à l'heure, *ce que je vois*, au sens fort du mot voir, ce n'est absolument pas une image ou une impression formée dans ma conscience : c'est le précipice lui-même.

•

En règle générale, comme nous le confirment les épreuves de l'action pratique, la perception sensible nous renseigne valablement sur certaines caractéristiques du monde qui nous entoure et les informations que nous recueillons ainsi, à défaut d'être *incorrigibles*, s'avèrent suffisamment fiables dans la mesure où nos sens fonctionnent normalement.

Ce que nous percevons, plus ou moins directement, ce sont des aspects des objets et des réalités environnantes — et non pas des états mentaux subjectifs, ces derniers agissant seulement comme reflets intentionnels d'un réel pénétrable à la connaissance. Il n'y a aucune raison convaincante, au contraire, pour nier que les objets matériels influent sur nos organes sensoriels et que ces derniers ne soient correctement adaptés à leurs objets.

La réalité extérieure est donc ce qui, agissant sur nos sens, produit la sensation et nous est présenté par elle.

•

Si certains philosophes estiment que rien n'existe jamais que *dans et par* l'esprit, ce n'est pas ce que pense l'oculiste qui ajuste les verres correcteurs de nos lunettes en partant du principe que nous ne sommes *pas* emmurés dans nos consciences, mais au contraire reliés au monde extérieur par des voies sensorielles dont certaines imperfections peuvent être rectifiées.

•

Cette adéquation ou fidélité relative de nos perceptions par rapport aux objets n'est pas une hypothèse gratuite ou purement dogmatique. Elle s'appuie sur une explication biologique très abondamment confirmée par l'observation et l'expérience, à savoir que les organes des sens résultent d'une évolution et ont une fonction adaptative absolument vitale.

N'est-il pas bien établi, en effet, qu'aucun être vivant ne pourrait survivre sans une capacité suffisante de s'orienter correctement parmi les choses qui l'entourent et de répondre adéquatement aux situations qui se présentent à lui? C'est en ce sens que l'un des critères premiers de la vérité réside dans l'expérience pratique et l'action (comme l'ont bien vu Aristote, les thomistes, les empiristes, les matérialistes, les pragmatistes et les marxistes).

Le succès de nos actes confirme, mieux que tout autre phénomène, la correspondance entre la réalité extérieure et nos sensations, représentations ou jugements. L'efficacité et la réussite de nos comportements démontrent la conformité, au moins approximative, de nos perceptions ou idées avec la nature objective des choses perçues ou pensées.

•

Nos cinq sens sont nés de l'action réciproque entre l'organisme et son milieu; ils sont issus du besoin vital de s'orienter dans la réalité et d'agir sur elle. Ce n'est pas le cerveau ni l'œil qui créent la lumière, mais l'inverse. Un animal qui ne serait pas outillé pour disposer d'informations relativement fiables sur certains aspects vitaux de son environnement serait forcément condamné à disparaître. Or la lumière solaire est là, qui transmet des influx d'énergie potentiellement informatifs sur les objets. Par conséquent, une pression sélective positive s'exerce sur les organismes dotés de cellules sensibles au gradient lumineux.

S'il n'est pas faux de supposer qu'avec d'autres organes sensoriels le monde nous apparaîtrait différemment, on ne peut en conclure pour autant que nos sens actuels (ni d'ailleurs les sens hypothétiques invoqués dans ce genre d'arguments) soient inaptes à remplir correctement leur fonction de connaissance, sans doute partielle et approchée, mais néanmoins valide et fidèle. Qui a dit qu'une connaissance devait être exhaustive pour être valable?

•

La recherche humaine de la vérité est affaire de découverte interactive et non pas d'invention ou de création interne. C'est pourquoi l'ignorance et l'erreur sont possibles et explicables, car il est tout à fait concevable que nous manquions de contacts suffisants avec certaines régions de la réalité (cause d'ignorance) ou que nous n'ayons, temporairement ou durablement, qu'une capacité défectueuse d'assimilation et de compréhension face à certaines données (cause d'erreurs).

•

Quand deux théories philosophiques concurrentes sont en présence, comme c'est le cas ici pour le phénoménisme et le réalisme, le choix entre elles n'est pas arbitraire. On doit plutôt leur appliquer divers critères rationnels : laquelle explique le mieux les faits ? Laquelle est le plus en accord avec nos autres connaissances les mieux établies ? Laquelle est la plus simple (ou conceptuellement « économique ») ? Et ainsi de suite. Dans le cas qui nous occupe, la théorie réaliste est la seule à expliquer de manière vraisemblable pourquoi la forme et la taille des objets changent lorsque nous nous déplaçons dans l'espace par rapport à eux et pourquoi notre activité mentale ne nous permet pas de modifier à volonté ce que nous voyons quand nous ouvrons les yeux. Elle est aussi la mieux en accord avec la biologie en général et la physiologie des cinq sens en particulier. Elle est incontestablement plus simple que sa rivale. Bref, tout indique qu'une évaluation systématique et rationnelle de ces deux positions nous conduirait à conclure hors de tout doute raisonnable à la vérité du réalisme et à l'invraisemblance du phénoménisme.

Admettons ainsi que le scepticisme et l'idéalisme phénoméniste ne soient que des erreurs ou des absurdités. Une question épistémologique s'en trouve peut-être résolue, mais nous nous retrouvons devant un nouveau problème, sans doute beaucoup plus difficile : pourquoi la tradition philosophique entretient-elle tant d'erreurs et s'obstine-t-elle à cultiver des absurdités ?

II

Que vaut notre raison ?

Grandeur ou misère de la raison

(Extraits du journal d'une étudiante en philosophie)

Mardi 12 février 2002

Me suis-je trompée ? Mon respect envers la raison serait-il moins justifié que je ne le pensais ? Ce soupçon m'a talonnée toute la journée.

En marge de mes notes ce matin (dans la classe où j'accomplis un stage): Bonne discussion sur la vie après la mort, autour d'arguments sensés, posément énoncés de part et d'autre. Les élèves semblent intéressés. Les uns, au nom du besoin de se motiver à vivre, affirment qu'à la mort nous continuons d'exister, imaginant cette survie de diverses manières. Les autres, qu'en tant qu'êtres matériels, à la mort, on cesse d'exister pour toujours et que la vie vaut en elle-même, évoquant plusieurs façons d'envisager une existence stimulante et heureuse. Selon moi, ces positions reposent sur des postulats contradictoires concernant la réalité, à savoir: *a*) il existe autre chose en plus de ce que nous pouvons connaître (et par conséquent on peut penser que nous survivions à la mort) ou *b*) n'est réel que le monde naturel que nous pouvons connaître (auquel cas nous ne survivons pas à la mort). Le verront-ils ?

Un peu plus tard: Depuis quelques minutes, le ton a changé. On ne soupèse plus les arguments, on tient ses positions quelles que soient les objections, comme si une foi s'exprimait, qu'on ne saurait renier sans se renier soi-même. Chaque camp répète autrement ce qu'il a dit auparavant. Ce n'est plus une discussion rationnelle mais un dialogue de sourds : chacun a retrouvé le droit fil de ses croyances.

Est-ce le sujet qui a produit cet affrontement têtu, « la mort » favorisant l'expression des croyances et rendant évidente leur emprise, moins apparente dans des débats plus abstraits ou savants ? Serait-ce que derrière nos raisons ne se trouvent que des convictions ou des postulats, quelque chose de vital qui résiste à toute logique ? Que peuvent alors la raison, la logique et le savoir contre la foi ? Mais est-il sûr que Foi et Raison s'opposent ? Plus rien n'est clair dans mon esprit. Le respect pour la raison n'aurait-il pas lui-même les apparences d'une foi ? Pourquoi cette foi devrait-elle prévaloir sur une autre ? Parce qu'elle serait dominante, autrement dit la plus forte ? L'appel à l'autorité de la Raison ne serait-il qu'une version moderne, démocratiquement correcte, de la loi du plus fort ? Pourtant, afin de justifier nos idées et de nous sortir de la crédulité que j'abhorre, ne faut-il pas absolument en conduire un examen rationnel ?

Après le cours : Je repense à la discussion de ce matin et consulte mes notes. Le prof voulait opposer mythe et raison. Cette opposition, les élèves la voyaient bien, mais c'est la relation entre la raison et la vie qui les intéressait surtout. Surprise : cela a tourné au procès de la raison. Ils prenaient parti pour la vie — sinon pour le mythe, du moins contre la raison si nécessaire. Les camps formés préalablement se sont réalignés, plutôt en défaveur de la raison, dans un consensus qui cette fois frisait l'unanimité. En gros : *Beaucoup de vie, c'est-à-dire de réalisations passionnées, et la raison seulement quand on y est forcé, mais espérons que ce soit le moins souvent possible, car tout est déjà trop rationnel comme ça. Qui d'ailleurs voudrait conduire sa vie et toutes ses pensées de manière intégralement rationnelle ? Certes on a besoin de la raison,* admettaient-ils. *C'est un outil, mais pas le seul ni le plus important. Pour la raison ? Sciences et techniques. Contre la raison ? Le désarroi qu'elle nous cause. On déteste se casser le nez sur le réel plat, dur et malpropre, comme s'il nous tenait prisonniers et la raison avec lui, qui nous le fait voir, nous ôte nos illusions et aplatit tout. Comment, on ne peut plus rêver maintenant ? On ne peut plus croire en quoi que ce soit sans avoir à se justifier sans fin ? Alors de la raison, oui, peut-être — un peu, mais pas trop !*

Pour ma part, je considérais la raison comme notre outil le plus important : plus j'en ai appris sur l'histoire humaine, plus j'ai été convaincue qu'il fallait conduire ses pensées et sa vie selon la raison, qu'on ne devrait croire que ce qui est rationnel, qu'agir rationnellement est bon pour nous et que cette attitude seule est garante de notre liberté et de notre bonheur. La raison faisait partie de mes valeurs, de mon idéal : la cultiver, c'est une vertu. Il n'y a jamais *trop* de raison. Mais quand je dis qu'il faut conduire ses pensées et sa vie selon la raison, de quoi s'agit-il ? De beaux discours, d'une résolution illusoire, d'une pensée magique par où ma foi en la raison m'abuserait ? Au fond, qu'est-ce que je change à ma vie en décidant de me soumettre à la raison ?

Mercredi 13 février 2002

Mes réflexions d'hier me tracassent. D'abord de me sortir de la confusion concernant les relations entre vie, raison et croyances. Je fais un essai.

Nous vivons : agissons, sentons et pensons. Nés ignorants, nous ne pouvons exister sans penser, c'est-à-dire produire des représentations ou idées à partir des informations dont nous disposons. Notre vie se passe ainsi dans une relation à trois : nous-mêmes, nos représentations et la réalité. Cette triade me suggère de distinguer trois aspects : celui de notre commerce avec le réel, que je rattacherais à l'action et à la volonté ; ensuite celui de la relation entre nos idées et la réalité, pris en charge par la raison et que j'associerais au savoir ; enfin celui du rapport entre nous-mêmes et nos propres idées, qu'on pourrait rapprocher de la croyance — car quel autre rapport avons-nous avec nos idées sinon celui d'y adhérer plus ou moins, ce qu'on appelle croire? Ces aspects entretiennent des rapports de collaboration autant que d'antagonisme. On sent que la force de nos croyances nous motive à agir; on voit bien qu'une compréhension adéquate de la réalité est nécessaire au succès de nos actions; on peut constater que nos projets orientent souvent ce que nous voulons savoir en même temps qu'ils sollicitent telle ou telle croyance précise, et aussi que le succès de nos entreprises renforce certaines croyances plutôt que d'autres.

Par contre, comme le montre le cas des préjugés, ce que nous croyons peut déteindre sur ce que nous savons. Il y a également des tensions et des oppositions entre ces axes, comme lorsque nous hésitons entre deux actions possibles alors que la raison nous ouvre plusieurs voies, ou encore lorsque nous ne voulons pas savoir certaines choses qui bouleverseraient notre vie ou menaceraient une croyance à laquelle nous tenons. L'an dernier, voulais-je savoir que Pierre me trompait? Je préférais croire qu'il m'aimait.

Tenant compte de tout cela, je voudrais essayer de préciser chacun de ces axes. Notre intelligence native nous sert à la fois à résoudre des problèmes, juger et décider, raisonner logique-ment et inventer pour agir sur la réalité: c'est la dimension du rapport entre le réel et nous. Nous subissons le réel, nous agissons sur lui et l'action nous intéresse avant tout. Nous utilisons la réalité pour satisfaire nos besoins, elle nous résiste, nous luttons contre elle. La volonté, associée à nos désirs ou intérêts, en fait son affaire. Siège de notre motivation, elle cristallise nos émotions et embrigade nos idées. Ce qui concerne notre volonté, à ce premier niveau, c'est l'efficacité. Il y va de notre maintien dans l'existence. Nous associons le succès de nos entreprises à cette motivation fondamentale: vivre. Notre critère de succès, c'est la satisfaction de nos besoins — qu'on la nomme bien-être, bonheur, Bien, peu importe —, à quoi nous rapportons ce que nous appelons nos valeurs, définissant conjointement ce but suprême et que nous classons sur une échelle, comme autant de moyens d'y parvenir.

Mais pour que nos projets réussissent, nous devons composer avec le réel. D'où notre intérêt vital à ce que nos idées nous en procurent une image suffisamment adéquate — ce qu'on appelle la vérité. Nous avons besoin d'une telle représentation pour éviter l'échec, mais ce n'est pas l'affaire de la volonté de la produire, plutôt celle de la raison ou intelligence, envisagée cette fois sur l'axe reliant nos idées à la réalité. Produire des représentations du réel à partir des informations que nous livrent nos sens et notre expérience pratique, c'est déjà la raison, définie assez classiquement comme la faculté permettant de faire des liens entre les idées (le raisonnement) et de distinguer le vrai du faux (le jugement).

Tout comme la volonté se guide sur notre bien-être, la raison se règle sur la vérité. La seule chose qui l'intéresse (même si ce n'est pas la seule chose qui *nous* intéresse), c'est le vrai, indépendamment de ce que nous pouvons vouloir, préférer, aimer ou même percevoir personnellement. Si la volonté dit ce qui vaut, la raison dit ce qui est. Elle y accède en partie par l'expérience, en partie par le raisonnement.

Qu'est-ce que le raisonnement ? C'est un processus par lequel nous associons les idées les unes aux autres. Les relations que nous établissons ainsi sont de nature logique, ce qui veut dire que, lorsque nous raisonnons, nous manipulons non pas physiquement le réel, mais des représentations que nous nous en faisons par le biais de leur expression dans un discours, car nous pensons le réel par représentation et langage interposés. La raison part donc d'une ou plusieurs idées (affirmations, propositions) qu'on appelle prémisses ou arguments, pour en tirer une nouvelle thèse, non connue auparavant comme vraie et qui en est la conclusion.

Pour ce faire, elle a ses propres règles : principe de non-contradiction (une affirmation, par exemple « la terre est ronde », ne peut pas être vraie et fausse en même temps sous le même rapport) ; principe d'identité (A = A) ; principe du tiers exclu, etc. Leur ensemble constitue la logique, qui montre que, dans un raisonnement valide, la conclusion sera vraie *si et seulement si les prémisses le sont* — ce qui nous renvoie à l'expérience. Il se peut donc qu'un raisonnement soit logiquement valide mais sa conclusion fausse, parce qu'une ou toutes ses prémisses sont fausses.

En théorie, la raison exigerait que nous ne croyions qu'à des idées vraies. Adopter une opinion, c'est la «croire vraie». Mais croire n'est pas savoir, puisque nous acceptons souvent des idées fausses — l'histoire humaine en est truffée — auxquelles nous pouvons tenir mordicus — les persécutions sont là pour en témoigner. La vérité n'est pas le seul motif, ni le plus fort, que nous ayons d'adhérer à une théorie.

Cela m'amène à la relation entre nous-mêmes et nos idées. Croire semble notre état originel. Outre le développement psychomoteur qui nous apprend durablement durant la petite enfance à nous orienter dans l'espace et le temps et qui accrédite à nos yeux, sans qu'on y pense, la fiabilité des informations livrées par nos sens, sur quoi nous appuyons-nous pour le reste? L'enfant a-t-il le choix de croire ou non ce que lui disent ses parents et d'agir ou non comme ils le commandent? Avons-nous d'autre voie que d'adopter les opinions véhiculées par la société qui fait de nous des humains? Nous héritons là d'un ensemble de raisons toutes faites. Ainsi s'incrustent en nous des idées, valeurs, règles de comportement, en un mot des croyances que nous adoptons sur la base de la confiance qui nous lie aux autres et sans les avoir examinées nous-mêmes à la lumière de notre propre raison qui, pendant ce temps et *tout en croyant*, apprend à raisonner et arrive lentement à maturité.

L'ensemble de ces croyances héritées, plus ou moins raisonnablement douteuses ou probables et plus ou moins logiquement liées, constitue une espèce d'hypothèse préalable, une vision du monde. Si, dans un premier temps, voir, c'est croire, dans un second, croire, c'est voir. Au quatorzième siècle, dans l'Europe chrétienne, j'interpréterais la peste comme un châtiment envoyé par Dieu; il ne me viendrait pas à l'esprit de l'attribuer à un bacille, dont l'idée n'existe pas encore. Pape à la Renaissance, je crois que le Soleil tourne autour de la Terre et associe cette idée à ma foi, acquise dès l'enfance, que ma fonction me force à protéger. Si un certain Galilée vient prétendre, calculs et observations à l'appui, qu'il n'en est rien et que la Terre tourne *en fait* autour du Soleil, je ne suis pas fou, je comprends son raisonnement. Je suis même prêt à lui permettre de dire, comme on le fait depuis Copernic, que le mouvement des astres se déroule *comme si* c'était ainsi, en sous-entendant qu'il n'en est rien. Mais si ce Galilée persiste à dire que c'est ainsi *en réalité*, je n'aurai d'autre solution que de l'excommunier pour hérésie, voire de le faire brûler sur le bûcher.

Nos croyances ou hypothèses ne fonctionnent pas n'importe comment : nous les projetons sur le monde et les faits nous les confirment presque automatiquement. Voilà ce qu'est aussi croire : hériter d'une manière de voir le monde. Nous sommes tous des héritiers. L'ancienneté, le caractère original de cet héritage d'idées dans la vie de chacun, sa familiarité rassurante associée à la confiance en ceux qui nous l'ont légué, autant que la puissance que notre vulnérabilité leur a conférée dans l'enfance, nous lient à nos croyances comme à une seconde nature, qui détermine nos préférences, nos valeurs, notre interprétation des faits. Elles nous paraissent raisonnables. Elles se voient dès lors attribuer une certitude analogue à celle de l'expérience immédiate, difficile à désamorcer et qui ne doit pas grand-chose à l'examen rationnel.

Sur ce troisième axe, nous sommes *dans* nos croyances, alors que sur celui du savoir nos croyances ne sont que des idées qu'on *a* et devant lesquelles on s'interroge. On comprend qu'examiner nos croyances à la lumière crue de la raison soit dérangeant : on a l'impression de se mettre en danger. Aussi y tient-on mordicus, comme à soi-même. Pourtant, pour la froide raison, il ne s'agit que d'idées, quelles qu'elles soient (la théorie de l'évolution, celle du big bang, la réincarnation, l'existence de Dieu, la télékinésie, la rotondité de la terre, le vert du gazon et le bleu du ciel, la fidélité de mon amant, les fantômes, l'idée qu'il faut changer le monde, que l'égoïsme règne en maître, etc.). La raison les traite comme de simples représentations : discuter nos idées à sa lumière, c'est les étaler pour mieux chercher quelle part de vérité elles recèlent et si d'autres hypothèses ne seraient pas plus vraies.

Alors, à quoi s'oppose la raison ? Si mon petit bricolage conceptuel est valable, pas à l'acte de croire comme tel, puisque sa fonction serait justement d'établir la vérité plus ou moins probable des croyances. N'adhérant qu'à des idées vraies, la raison rejettera toute croyance dont elle ne pourra (hors de tout doute raisonnable) établir la vérité et agréera les autres selon leur degré de vérité plus ou moins probable ou évidente, leur accordant provisoirement le bénéfice du doute. Rejeter une croyance fausse n'est pas s'opposer à l'acte intellectuel de croire considéré en lui-même, mais la raison traite toute croyance comme fausseté potentielle : entre elle et les croyances, le rapport de base est la méfiance.

Ce à quoi, par contre, la raison s'oppose radicalement, c'est le refus de soumettre les croyances à son examen, de les mettre en question, d'en douter — ce qu'on appelle le dogmatisme. Son pire ennemi : croire sur parole et ne pas vouloir remettre en cause la parole. Elle trouvera sur son chemin les émotions qui nourrissent nos certitudes rassurantes et l'impatiente passion de vivre qu'incarne la volonté, pressée d'agir. Elle trouvera plus spécialement la foi entendue au sens fort, dont la foi religieuse est un exemple, reposant précisément sur l'idée du dogme : parole vraie parce que révélée et ne pouvant être mise en doute, quelque raison « raisonnable » qu'on ait de le faire.

Mais la foi religieuse est loin d'épuiser les dogmatismes. Il y a celui de la bêtise ignare, celui de la crédulité naïve et satisfaite ou de l'indifférence bouchée de qui ne se pose jamais de question, celui de l'obstination obtuse qui ne discute qu'à coups de poing et d'invectives — sans oublier le dogmatisme de la raison, qui ne voit plus qu'elle-même ou sa théorie favorite, traite les complexités de la vie comme des détails, questionne tout sauf son idée fixe, fait des objections à tout sans en recevoir aucune.

Si la raison guidait nos vies, la vertu suprême serait l'ouverture d'esprit.

Vendredi 15 février 2002

Doit-on croire seulement ce qui est rationnel ? Je ne sais plus que penser.

Répondre oui, c'est privilégier le savoir et la vérité. Non seulement faudrait-il croire ce qui est rationnel, mais ne croire *que* ce qui est rationnel : on le *doit*, c'est-à-dire qu'on aurait l'obligation de n'adhérer qu'à des idées vraies ou, à défaut de certitudes à cet égard, qu'à des idées qu'on puisse explicitement justifier par des raisons logiques, cohérentes et ayant la plus grande chance de se révéler vraies au vu des informations disponibles. Une telle obligation ne se justifie pas par l'efficacité : cette position en fait une obligation *morale* telle que, pour elle, il serait *mal* de s'y soustraire et non pas simplement imprudent ou infructueux. C'est ériger la Raison et la Vérité au rang de buts, de valeurs morales, et faire de la connaissance du vrai un objectif essentiel de la vie, voire l'objectif suprême. C'est donc une réponse forte, en faveur de la raison. Je reconnais là une bonne part du credo que je formulais l'autre jour tout en le mettant en question.

Supposons un pilote qui, malgré quelques inquiétudes et vu sa longue expérience et ses nombreux voyages sans anicroches, réussit à se convaincre du bon état de marche de son appareil et reporte une inspection coûteuse : un accident survient qui entraîne des passagers dans la mort. On le jugera certainement responsable, coupable même : nos lois n'exigent-elles pas de chacun de ne jamais négliger les conséquences pour autrui de ses décisions, et ne trouvent-elles pas criminelle cette négligence, même fondée sur une croyance sincère ? De ce point de vue, même si aucun accident ne survenait, ce pilote aurait commis une faute, un manquement moral grave et potentiellement criminel : la chance lui aurait évité de se faire prendre, mais il serait aussi coupable que s'il y avait eu accident. Or de quelle faute s'agit-il ? D'avoir fait taire ses doutes, de ne les avoir pas pris au sérieux, pour ensuite agir selon une croyance douteuse.

Donc, sous cet angle, croire sans bonnes raisons, c'est-à-dire en l'absence d'informations ou sur la base d'informations incomplètes ou tronquées, de croyances non vérifiées et de raisonnements mal conduits, en faisant taire ses doutes, est *mal* au sens fort du terme : c'est toujours mal, en toutes circonstances, quelle que soit la croyance, même insignifiante, même privée, peu importe les autres motifs qu'on aurait d'y croire, par exemple parce que cela nous arrangerait, ou nous rassurerait, nous consolerait dans le malheur, nous donnerait de l'espoir, nous ferait rêver, nous sortirait de la grisaille quotidienne, etc.

C'est toujours mal parce que, lorsqu'on traite ainsi ses croyances, en faisant taire ses doutes ou en les prenant à la légère, non seulement entretient-on des idées douteuses qui risquent de contaminer les autres, mais on s'habitue à une certaine attitude, on ne cultive pas sa raison et on dévalorise ce que les autres disent en pensant qu'après tout il n'est pas si important d'examiner ses croyances. En agissant ainsi, on ne respecte pas l'humanité, en fait. On mine la confiance accordée à la raison des autres et à la raison commune, la Raison humaine. Dirait-on qu'on peut voler, mais seulement de petites choses sans importance pour autrui, en se racontant qu'on saura bien s'empêcher ensuite de voler aussi des choses plus précieuses, ce qui tient à cœur aux autres ? Non. On ne vole pas, un point c'est tout. C'est la même chose avec nos croyances : quand on les prend à la légère, on insulte la raison de tous, qui est l'un de nos biens les plus précieux.

Ces arguments me semblent décisifs à première vue, mais j'ai sans doute un préjugé favorable à leur égard, ne serait-ce que dans la mesure où cette position paraît découler des définitions que je me suis données plus tôt.

À l'opposé, répondre non, c'est donner au savoir (en particulier scientifique) un rôle certes important, mais ancillaire, en privilégiant plutôt comme guides notre volonté de vivre et nos croyances les plus chères. Cette position a pour valeur suprême une vie meilleure — quoi qu'on entende par là : paix, justice, bien-être, bonheur, satisfaction de nos désirs, épanouissement personnel, etc. Elle fait d'abord valoir une objection assez patente, qui met en évidence le pragmatisme dont elle s'inspire : même en admettant qu'il serait préférable de s'appuyer sur toutes et les meilleures informations disponibles, la position forte est impraticable, car on ne peut tout simplement pas examiner une à une chacune de nos croyances. À l'impossible nul n'est tenu.

Par ailleurs, toutes les circonstances où nous plonge l'existence ne sont pas du type où des questions de fait seraient primordiales. La plupart des situations problématiques, c'est-à-dire vitales, où nos décisions changeront quelque chose d'important à nos vies ou au réel lui-même, ne sont pas de cet ordre : elles nous obligent à croire avant le fait, à dépasser ce que les informations nous permettent d'affirmer. Non seulement devons-nous souvent opter sans informations complètes, mais le savoir avéré n'est alors même pas pertinent. C'est le cas par exemple des choix moraux : la science dit ce qui est, mais nous seuls pouvons dire ce qui devrait être.

Nous voulons vivre, bien vivre et mieux vivre. Nos actions valent par leur utilité à produire du bien-être, notre but ultime étant la satisfaction de nos désirs, critère de succès. C'est la croyance que nos actes seront utiles à ce but qui les inspire. Qui, sinon celui qui le croit possible et croit en ses moyens, obtiendra l'avancement, les bonis, la victoire, en un mot le succès de ses entreprises ? La réussite ne donne-t-elle pas raison à la croyance qui l'a rendue possible ? Ne vient-elle pas l'accréditer ? La foi entraîne donc les conditions de sa propre vérification et nous apprend ainsi plus de vérités que l'obsessive crainte de l'erreur qui anime la position forte du rationalisme. Cette dernière oublie que, plus que sur la raison, toute entreprise commune repose sur la croyance confiante que les autres se dévoueront comme nous à l'objectif poursuivi. Tel est le cas des gouvernements, des entreprises, des armées, des systèmes d'éducation et de santé, des clubs sportifs, etc.

Donc, *l'utilité de nos actions à la réalisation de nos objectifs apparaît comme un critère de vérité et elle repose, avant le fait, sur une croyance*. Ainsi, nos convictions préalables seraient des guides légitimes de l'action. De ce point de vue, la logique absolutiste et vertueuse de la position forte aboutit à la thèse intenable et pour le moins étrange qu'il faudrait écarter ces croyances préalables, incontournables et essentielles, alors même qu'elles changent les faits eux-mêmes à notre avantage. Craindre à ce point l'erreur et la fausseté nous priverait de l'apprentissage de la vérité, qui importe plus, et mettrait en péril le succès de nos entreprises individuelles et communes, bref notre bien-être, seule mesure humaine du vrai.

Dans cette optique, vérité et raison n'ont d'importance que parce qu'elles contribuent d'une manière ou d'une autre à l'avènement d'une vie meilleure ; connaître la vérité est un instrument au service d'autre chose, la raison est instrumentale. Cette position peut recevoir des formulations plus ou moins radicales. C'était celle des élèves : « la raison, un peu mais pas trop ». À l'extrême, on pourrait aller jusqu'à dévaloriser la raison, au point de l'accuser de notre échec à vivre et de toutes nos bassesses.

Qu'en penser ? Je ne vais certainement pas m'asseoir, faire le décompte de mes croyances (qui doivent se chiffrer par milliers), procéder à leur vérification une par une et rejeter toutes celles que les faits ne soutiendraient pas hors de tout doute raisonnable. Je ne vais pas passer ma vie à attendre des résultats scientifiques, m'empêchant ainsi de penser et d'agir, car je dois vivre. Mais ce n'est pas ce qu'exige la position forte : elle me demande seulement d'entretenir un doute raisonnable à l'égard de ce que je pense (puisque les faits peuvent toujours venir contredire mes idées), de laisser siéger en permanence le tribunal de ma raison, si j'ose dire. Que cet idéal soit partiellement inaccessible ne le rend pas moins valable.

En second lieu, je ne refuserais pas l'idée que la satisfaction de nos désirs constitue l'un de nos critères de succès. J'admets que croire en quelque chose puisse contribuer à produire les conditions de la vérification de la croyance concernée. Mais cela n'entraîne pas que la satisfaction de nos désirs soit le critère de la *vérité*. Ce serait confondre le fait de croire et d'agir sur la base d'une croyance avec la croyance elle-même ou l'idée particulière à laquelle on adhère. Il est exact que nous agissons en fonction de croyances préalables. Dans l'ordre objectif, le fait de croire en entraîne d'autres, nos actes, jusqu'à la situation finale et réelle, qui satisfera ou non nos désirs. En ce sens, croire contribue à créer le réel qui nous permettra de vérifier la croyance en question. Mais dans l'ordre des idées, si les faits corroborent ma croyance, ce n'est pas parce que cela satisfait mes désirs ou que ça m'est utile ou que j'ai réussi. Ce n'est pas notre succès, ni la satisfaction que nous en tirons, ni l'avancement de notre bien-être, ni l'utilité, qui *vérifient* nos représentations.

Dans le cas du pilote, la croyance en la sûreté de ses appareils peut être confirmée par l'absence d'accident (auquel cas il continue de croire en la fiabilité de ses appareils), absence qui satisfait ses désirs. Mais un accident infirmerait cette croyance, envers et contre ses désirs et attentes. Que notre succès nous confirme dans notre croyance n'a *rien à voir* avec la vérité ou la fausseté de cette croyance. Il est d'ailleurs beaucoup plus facile de montrer l'utilité d'une croyance que sa vérité. L'utilité ne fait pas la vérité.

En proposant un autre critère du vrai, d'un genre plutôt subjectif, cette conception prétend écarter le doute inspirant la position forte, qu'elle juge trop frileuse, et pense ainsi éviter d'avoir à vérifier les croyances selon la bonne vieille manière objective-rationnelle défendue par celle-ci. Mais ce raisonnement échoue à légitimer la croyance comme guide privilégié de l'action. Il montre seulement que nous ne pouvons échapper ni au fait incontournable de croire, ni au fait que soient agissantes en nous des croyances préalables, mais sans pouvoir faire l'économie d'une définition de la vérité comme correspondance objective aux faits. Je conclurais pour ma part que nous devrions donc être plus attentifs à vérifier sérieusement les croyances qui nous inspirent et moins enclins à en rechercher la confirmation dans ce qui satisfait nos désirs.

Un troisième argument du camp du « non » se résume dans la célèbre formule pascalienne « le cœur a ses raisons que la raison ne connaît point ». Notre sensibilité, où convergent émotions et sentiments profonds, nous guide constamment, nous faisant compatir aux autres ou accomplir des gestes que la logique déconseillerait, nous mettant sur la voie de vérités plus vraies, plus essentielles et profondes que celles que la raison peut nous faire froidement connaître. S'il faut parier, et il le faut, misons sur le cœur.

Cet argument éloquent, que ne dédaignent pas les pragmatistes, a pour lui d'énoncer un fait avéré : nous avons bien d'autres motifs d'adhérer à une idée que sa vérité factuelle et démontrée. Mais ces raisons du cœur ne sont que des causes parmi d'autres, que nous invoquons pour expliquer nos comportements, pas des preuves qui justifieraient la croyance en ce qu'on ressent. Cet argument dresse, en face de la vérité objective de la raison, l'idée d'une vérité subjective ou intérieure. Admettons-le. Cela voudrait-il dire que tout ce qui est senti profondément serait vrai ou essentiel, au point qu'on doive s'y soumettre ? Alors : la rage, la haine, la cupidité autant que l'amour, la compassion, la tolérance ? Qui arbitrera ? Le cœur humain ne me semble pas si raisonnable qu'il faille le prendre pour guide, à moins justement de lui faire entendre raison, ce que fait la position forte, qui n'est pas dénuée de « sensibilité ».

Un quatrième argument attaque la position forte de front : la foi en la Raison ne serait que le résidu de cette autre illusion qui avait fait croire en Dieu, mais Dieu est mort. Croire en la Raison, c'est la mettre au-dessus de tout et rester ainsi, tout en s'en défendant, dans la fiction religieuse. L'illusion de la science, brandie comme fleuron de la raison, est de croire que les faits correspondent aux idées abstraites et fixes qu'elle s'en fait. Le réel et la vie sont changeants et leur vouloir indomptable : la science se leurre quand elle croit en fixer les lois et harnacher sa puissance. Le désir et l'instinct, qui nous mènent au-delà de nous-mêmes et par lesquels nous nous dépassons, sont la seule voie qui nous relie à la formidable volonté de puissance du réel qui s'exprime en nous. La morale qui prétend les dompter de ses lois ne sert qu'à étouffer ce vouloir et trahir la vie et le réel. C'est une morale de dominés, faite pour les dominés, qui les domine et les affaiblit : il faut aller au-delà du Bien et du Mal et des valeurs ridicules que défend « la Raison », comme un petit fonctionnaire qui nous ferait sa morale de subalterne.

Combien de fois ne m'est-il pas arrivé de détester les bureaucrates satisfaits, se cachant derrière leurs règles pour mieux exercer leur pouvoir pointilleux ? Combien de fois n'ai-je pas soupçonné que l'invocation raisonnée de nos valeurs n'était qu'une stratégie nous donnant bonne conscience et faisant de nous des hypocrites ? Combien de fois n'ai-je pas constaté que les morales varient, tellement qu'on peut en arriver à douter de la réalité et de la crédibilité de ce qu'on appelle *la* morale ? Combien de fois n'ai-je pas pensé que réfléchir, peser toujours le pour et le contre m'empêchait de vivre, surtout quand j'en fais une obsession (comme ces derniers jours…) ?

N'empêche, il y a dans ce dernier argument quelque chose qui tient du délire. Par exemple, cette idée que le réel veut quelque chose — se développer, se transformer, se transmuer ou que sais-je encore. La réalité change certes, mais cela ne veut pas dire qu'elle veut quoi que ce soit ou ait des intentions. De mon point de vue, le réel ne veut rien, il se contente d'être. Si mouvant, puissant et indomptable soit-il, il n'a pas de projets. Je ne peux m'imaginer que nous, les humains, serions une voix par laquelle il s'exprime, à moins de le penser à notre image, auquel cas, avec la volonté, on doit y réintroduire au moins quelque raison, qu'on prétendait bannir pour lui préférer le sentiment ou l'instinct. Je peux encore moins accepter ces idées douteuses si la volonté de puissance m'impose de dire non à toute morale : que serait, en effet, cet « au-delà de la morale » ? Délire dangereux ne laissant augurer que la brutalité, d'autant plus suspect qu'il méprise en fait tous les humains.

J'en reviens donc à la position forte. Cependant, elle ne me satisfait pas pleinement et j'hésite toujours car elle comporte des dangers. Elle suppose une grande autonomie de jugement de la part de tous, ce qui est bon. Mais cette autonomie ne fait que renforcer le sentiment de vulnérabilité qui nous assaille dans la solitude alors que la responsabilité que nous portons est immense. Dans ces conditions, sur quoi a-t-on *en fait* le plus de chances de se rabattre ? Sur son propre jugement et sur sa raison, comme le souhaite la position forte ? Il me semble que ce sera bien plutôt sur la tradition, le conformisme, les hypothèses préalables disponibles, avec la bonne conscience en prime. Raison de plus pour s'en tenir à la raison, pourrait-on dire. Pourtant le risque de stagnation et de conservatisme est réel, et le reproche de frilosité me semble justifié.

Finalement, n'adopterais-je la position forte que parce qu'elle me donnerait aisément bonne conscience, me conforterait dans mes propres croyances et serait conforme à mes définitions ? Que valent, dans ce contexte, mes objections théoriques concernant la notion de vérité ? Dogmatisme ? Résolution du Jour de l'an ?

Il m'arrive très souvent de me demander — cela me hante — ce que j'aurais fait, au même âge, si j'avais été allemande dans les années 1930. Quelle masse de citoyens aurait été préférable pour la suite des choses, lorsque Hitler briguait les suffrages : ceux qui se seraient guidés sur la raison défendue par la position forte, ou ceux qui auraient suivi leur cœur, leurs instincts ou recherché leur succès ? Sans conteste, à mon avis, les premiers...

Finalement, l'argument décisif invoqué par la position forte et qui emporte mon assentiment est celui qui tourne autour de l'*entretien* de la raison. Cela veut dire : non seulement faire siéger en tout temps le tribunal privé de ma raison, mais aussi et toujours discuter de mes idées et des leurs avec les autres, auxquels je prête comme à moi la raison, celle qui cherche la vérité dans le doute. On ne peut laisser dormir la raison dans la bonne conscience entretenue d'avoir raison.

Alors, doit-on croire seulement en ce qui est rationnel ? Je dirais : oui.

Lundi 18 février 2002

Que me vaut la raison, que nous a-t-elle valu ? J'ai beau y croire, me démontrer qu'en principe il serait bon de la suivre, qu'en est-il en fait ? C'est le thème de mes ruminations pour aujourd'hui. Je me sens des idées noires.

À première vue, je dirais que la raison nous aurait valu deux bienfaits principaux, les sciences, qu'elle a rendues possibles, et la démocratie, qui fait d'elle son pilier. Bienfaits au sens où cela aurait en effet augmenté notre bien-être et diminué nos souffrances. Quels motifs valables pourrais-je avoir d'en douter ?

Les sciences ont certes connu un progrès spectaculaire depuis que l'on a abandonné la vision du monde prémoderne, mythique ou religieuse. Leurs retombées technologiques ont amélioré nos conditions d'existence (quand on peut y avoir accès, évidemment). Nous disposons maintenant de moyens d'alléger la souffrance et d'enrayer les maladies. Si nous le voulions, nous pourrions sans doute, pour la première fois dans l'histoire, régler le problème millénaire de la survie physique de tous les membres de l'espèce. Cela ne veut pas dire que de nouveaux problèmes ne surgissent pas, mais, bref, la science a fait ses preuves, comme dirait un pragmatiste.

Devant ce phénomène, on a cru que la raison ne cesserait de progresser, et l'humanité avec elle, que l'obscurantisme des superstitions ancestrales, la pensée mythique et les religions traditionnelles reculeraient. Il semble qu'il n'en soit rien. Le dogmatisme religieux continue de faire des ravages. Il semble en outre que la raison, malgré ses efforts et toutes les sciences, arrive à peine à enrayer le racisme et autres préjugés analogues.

À ses côtés pullulent des sectes innombrables et des croyances bizarres, comme celle en l'existence d'un monde parallèle, paranormal, ou la croyance aux capacités mystérieuses et incommensurables de notre cerveau, etc. Tout cela utilise de plus en plus le langage même des sciences, parasitant le crédit dont elles jouissent. On soupçonne là-dessous que nous sommes en train de faire des sciences, sinon de la raison, un *mythe*.

On a beau savoir bien des choses, beaucoup de gens ont de plus en plus de difficulté à s'orienter dans la vie. Les faits ne paraissent donc pas justifier l'idée que la raison soit si bonne pour nous, puisque les connaissances rationnelles ne semblent pas combler les humains, qui auraient en quelque sorte besoin de leurs mythes. Si puissante soit-elle comme outil, la raison ne saurait nous apporter les satisfactions que nous recherchons. De là à penser que le bonheur serait ailleurs, que la vérité rationnelle et scientifique ne nous suffirait pas et nous serait au bout du compte peu utile, il n'y a qu'un pas, que j'hésite cependant à franchir.

Comment comprendre que le mythe ne meure pas, survive à la science, s'en serve même ? Pourquoi d'ailleurs devrait-il mourir s'il nous sert ? Un esprit rationnel dira que le mythe est illusion — forcément, par définition même du mythe comme croyance préalable héritée. On attribuera ainsi les limitations du mythe à l'ignorance de l'humanité archaïque alliée aux conditions précaires de sa survie. À insister ainsi sur l'ignorance qui l'aurait fait naître, on ne comprendra pas pourquoi le mythe demeure toujours vivant (même chez des gens ni ignorants ni démunis, comme les membres de l'Ordre du Temple solaire, par exemple). Sans compter que vivre dans le mythe n'a pas empêché l'humanité de mettre au point une foule de techniques qui ont effectivement assuré la survie de notre espèce.

C'est qu'au fond, et contrairement aux sciences, les mythes ne s'intéressent pas d'abord à l'explication du réel. À travers eux ne s'exprime pas une volonté de savoir ou même de comprendre, mais une volonté de vivre. Le mythe demande de croire pour vivre, il soutient notre détermination à vivre. Il fait parler nos craintes et nos peurs, nos désirs et nos rêves. Tragique, il parle de notre hantise de la mort et brode sur le thème de l'éternel retour ou de la vie éternelle. Utopique, il parle de notre quête du bonheur et brode sur le thème du paradis perdu ou retrouvé, dans l'au-delà ou même sur terre — je pense ici au communisme de triste mémoire, foi et folie du vingtième siècle qui, ne l'oublions pas, *se réclamait de la raison*, comme si cette dernière pouvait remodeler à neuf la société ou la nature humaine.

Le mythe est intéressant, mais pour ce qu'il nous dit de nous-mêmes, des questions du cœur qui nous animent et de notre extrême difficulté à distinguer le bien du mal. Les mythes et, avec eux, les livres sacrés qui les pensent, ont toujours sonné à mes oreilles comme l'expression de notre mal de vivre. Ils posent des problèmes et des questions plus qu'ils n'y répondent. Ils sont le registre, les archives de nos incertitudes. Le mythe ne meurt ni ne mourra, car nos désirs et nos rêves sont inextinguibles, c'est le lot de l'ignorance native inscrite dans notre condition.

Certes, nous avons bien déchanté : le désarroi de ma génération suicidaire autant que la solitude désaffectée à laquelle semble nous condamner la société de masse montrent bien les limites de cette raison démocratique et moderne en laquelle nous avions cru. Et les tueries sont toujours avec nous. Pourtant, à ceux qui voudraient me faire croire que le mythe devrait nous guider et que les vérités de la science et de la raison seraient d'un faible secours comparativement aux « vérités » des mythes, je dirai que je préfère mille fois le savant au gourou, pourvu qu'il ne soit pas fou et qu'on n'en fasse point un gourou.

Que le gourou soit distingué ou même génial et éclairant, comme Platon ou Nietzsche, qu'il soit un savant fou, un prêtre charismatique ou un pauvre hurluberlu ne change rien à l'affaire : on me demande d'abandonner *ma* raison, de suivre quelque chose d'autre qu'elle, de rester enfant. S'il faut spéculer, il vaut mieux le faire à partir de ce que l'on sait. *Évidemment*, je ne peux savoir si le réel se réduit à ce que je vois ou à ce que les sciences peuvent en savoir. Mais je ne vois pas pourquoi l'ignorance devrait pour autant nous autoriser à dire n'importe quoi. Il me faut donc consentir, avec la raison, à bien identifier ce que j'ignore, justement. Les sciences valent mieux pour ce faire et, avec elles, pour les autres questions, la lanterne de Diogène qui éclaire pas à pas le chemin sortant des ténèbres, dont on ne sait où il mène ni s'il mène quelque part.

La démarche rationnelle et scientifique me semble donc encore le meilleur moyen de nous approcher de la vérité, même si nous ne devions jamais la connaître *toute*. Le courage de vivre peut en tirer l'étincelle qui lui manque, quand il semble s'éteindre. Les religions et les mythes ne donnent qu'espoir en des forces qui ne dépendent pas de nous et nous laissent dans l'enfance. Pour peu qu'on en sorte avec les sciences et la raison qui les rend possibles, on gagne en revanche des moyens réels de nous tirer d'affaire et qui ne dépendent que de nous. Ainsi devenons-nous plus libres. Pour le dire autrement, majeurs.

C'est bien joli tout ça, et surtout facile à dire. La désillusion nous est infiniment douloureuse et insupportable. On a beau être vacciné, l'illusion est constamment à nos portes, comme les sirènes entre Charybde et Scylla. La lutte contre elle est toujours à recommencer ; nous aimons les gourous, il est tellement plus facile de croire — alors que la raison, quand on la prend pour guide, demande des efforts constants, y compris celui de nous méfier de la raison elle-même.

Ce qui m'amène à la démocratie, que n'aiment pas les gourous. Cet autre bienfait de la raison ne semble pas avoir porté les fruits escomptés, tant augmentent chaque jour la désillusion et le désarroi où nous sommes. Je ne vais pas nier que la démocratie constitue un progrès. Pour une fois, le droit plutôt que la force règle les rapports entre nous, ce qui a pour conséquence qu'on ne nous tue plus pour avoir pensé hors des sentiers battus, quoiqu'on puisse nous ridiculiser. La vie de chacun se trouve mieux protégée, devenue un droit sacré. C'est imparfait, sans doute, mais très appréciable. À défaut d'avoir enrayé les tueries, devenues encore plus efficaces, nous les avons soumises à des règles.

Par ailleurs, que la justice ne soit plus le droit du plus fort pointe peut-être à l'horizon, mais les riches demeurent les plus forts et ils frappent. Nous croyions être libres et nous voilà quasi réduits à ne choisir qu'entre une marque de voiture et une autre : petits choix. L'État-providence que nous avons créé pour satisfaire nos désirs gère les choses et nous avons beau l'accuser de mal le faire, on voudrait que les hommes politiques soient magiciens. À croire que nous préférons la servitude à la liberté que nous disions rechercher à travers l'usage démocratique de notre raison, tant nous abandonnons vite le pouvoir que nous avions cru arracher aux puissants.

Surtout, la rationalisation des sociétés modernes a engendré tellement d'effets pervers, de souffrances, de tensions, d'excès, de crimes, de tyrannies et de guerres totales, que la foi en un pur progrès rationnel n'a désormais guère de sens. Le soupçon d'une connivence secrète entre totalitarisme bureaucratique et rationalité s'est durablement installé. Bref, si la démocratie avait bien un certain potentiel pour adoucir les mœurs, disons qu'elle a moins fait ses preuves que la science. Pis, on se demande parfois si la vérité cachée de la raison ne se dissimulerait pas dans un projet violent et aveugle de manipulation des choses et de soumission des personnes.

Déprimant tout ça. Et j'ai beau dire, les savoirs scientifiques ne me sont pas ici d'un grand secours. Alors, ma soi-disant raison, ce « pilier de la démocratie moderne », comme le répètent mes professeurs ? J'ai toutes les misères du monde à trier les informations qui m'assaillent, ou encore à comprendre ce que disent les sciences tant elles sont morcelées, spécialisées, techniques. Je me sens bien ignorante. Pas si simple la désillusion, finalement. Quand même, je n'arrive pas à croire qu'il faille renoncer au projet démocratique, « le moins mauvais de tous les régimes », comme ils disent. Je ne veux pas l'abandonner ; je pense aux guerres qui me font si peur.

Ma génération est bien désabusée. Je nous écoute discuter. Quand ça s'échauffe, il s'en trouve toujours un pour fournir l'excuse démocratique ultime qui met sournoisement fin à la discussion : chacun n'a-t-il pas droit à son opinion ? On se replie alors sur son quant-à-soi, se confortant dans l'idée qu'on respecte les idées des autres. On s'en remet aux spécialistes pour comprendre la réalité et aux convictions personnelles pour le reste. La belle affaire ! À quoi bon discuter, alors ? Et si les convictions personnelles sont racistes ? La discussion, c'est pourtant tellement mieux que la guerre.

Eh bien, il était temps ! Moi qui croyais avoir compris que la raison sert à quelque chose, je me rends compte que c'étaient des mots que je rabâchais comme une leçon bien apprise. Je réalise que, si nous avons droit à nos opinions, c'est précisément pour en discuter, pour voir lesquelles sont plus valables, parce que la valeur d'une idée est toujours incertaine. La vérité n'est *jamais* garantie. Le droit à mes opinions reposerait sur l'idée même que toutes les opinions ne se valent pas, et *justement* pour qu'on en discute entre égaux. Je n'y avais jamais pensé de cette manière. Cela voudrait dire qu'entretenir la démocratie c'est entretenir la discussion.

Je me sens bien petite tout à coup, et bien naïve. La raison a beau nous avoir valu les sciences et cette démocratie souvent décevante, je flotte dans ses souliers trop grands dont j'ai hérité. Je ne savais pas à quel point suivre la raison, quand ce n'est pas un vœu pieux, nous oblige *en tout*, chaque jour.

Mercredi 20 février 2002

Le tracas des derniers jours se calme. Provisoirement, car j'ai l'impression que je n'ai pas fini de douter de la raison. Ce n'aura été que la première fois. Ai-je été dogmatique ? Peut-être. On verra quand je ferai une autre *crise de foi*.

Qu'ont donné ces quelques journées ? J'ai réalisé à quel point la vérité est étroitement intriquée dans chacun de nos gestes, combien doit être traitée avec soin la conscience que ce qui nous arrive correspond à quelque chose de bien réel. La vérité importe, comme l'air pur. C'est la raison qui porte cette idée à bout de bras, c'est pourquoi elle y tient, mais on peut aisément la détourner de sa préoccupation vitale. J'ai réalisé aussi que, sans la discussion rationnelle de nos idées et leur constante mise en doute, tout sombre plus sûrement encore dans le chaos, la violence. La raison semble alors le seul rempart contre ce que nous pouvons déchaîner de pire — mais elle peut être soudoyée ; son rempart n'est pas très fort. C'est pourquoi il faut l'entretenir.

Je croyais notre liberté sans bornes, j'ai vu que le peu que nous avons dépend en fait de l'usage de notre raison et de l'importance que nous lui accordons dans nos vies. On ne peut y croire comme à un dogme, c'est plutôt un projet, qui est ici une méthode, celle du doute et de la discussion. La raison m'assure que ni la vérité ni le succès ne sont garantis, jamais ; c'est la voix qui me dit qu'il est toujours possible que je me trompe, que j'aie mal vu, mal compris.

N'ai-je fait que sauver ma foi ? C'est possible. J'ai souvent pensé au serpent qui se mord la queue : que vaut d'examiner la raison avec la raison même qu'on a mise en doute ? Comment faire autrement ? La raison n'a pas à être fondée sur autre chose qu'elle-même. Cette question du fondement me semble être aujourd'hui comme un démon qui la hante, l'illusion qui lui est propre. Non pas que la raison serait solide elle-même : au contraire, c'est en se déployant qu'elle s'assure, comme le tourbillon qui s'élève, le génie qui sort de la lampe, le chemin dont on ne sait où il va. C'est quand elle refuse sa fragilité et veut s'appuyer sur autre chose qu'elle-même que la raison s'illusionne, se perd et meurt.

Quand bien même je n'aurais que sauvé ma foi, quelle foi dérisoire ! Car que me reste-t-il de la raison ? Une image plus que toute autre, celle d'un radeau sur la mer de nos pulsions et de nos désirs, porté par elle et menacé d'y sombrer. C'est bien pourquoi il faut s'y accrocher.

Vivre? Oui, éperdument, désespérément ou comme on voudra, mais jamais sans la raison. Il faut entrer dans la vie les yeux grand ouverts.

Vendredi 22 février 2002

Louise a bien ri en me lisant. « La seule chose qui compte, c'est la passion, pas ta stupide raison ! », m'a-t-elle lancé — et j'ai eu l'impression que tout serait à reprendre…

Une autre fois, peut-être.

III

Le surnaturel existe-t-il?

La croyance au surnaturel est raisonnable

Position du problème

L'une des questions philosophiques les plus importantes est sans doute celle de savoir s'il existe ou non un règne surnaturel. En effet, la plupart d'entre nous cherchons à nous forger, tôt ou tard, une conception d'ensemble de ce qui est réel et à trouver la vérité. Ainsi, est-il vrai, par exemple, que le divin existe réellement ? Y a-t-il bel et bien un au-delà de la mort ? De la réponse à ce genre de problème va, dans une large mesure, dépendre tout le reste de nos pensées au sujet du monde, de nous-mêmes et du sens de notre destinée.

Avant d'aller plus loin, il faut toutefois essayer de nous entendre sur ce dont nous parlons. Admettons qu'on englobe sous les vocables de « nature » et « naturel » l'ensemble des phénomènes existant dans l'espace et le temps, soumis au changement, liés à la matière physique et accessibles à une forme quelconque d'observation empirique directe ou indirecte.

À l'opposé, on comprendra par « surnaturel » un niveau d'existence ne pouvant être expliqué au moyen d'aucun facteur naturel ni réduit à la nature, c'est-à-dire une sphère de réalité qui la dépasse, lui est supérieure et en est séparée. En première approximation, toute entité qualifiée de « surnaturelle » serait donc (par définition) immatérielle, suprasensible et transcendante. S'ils existent, des êtres comme les dieux, les anges ou les purs esprits, des phénomènes comme la création divine de l'Univers ou des pouvoirs comme la guérison miraculeuse représenteraient de telles réalités de type surnaturel.

À notre époque, relativement dominée par le matérialisme, on doit d'emblée reconnaître ceci : beaucoup de gens sont portés à considérer comme réelle une seule catégorie de phénomènes, ceux qui forment l'univers naturel atteignable en partie par l'expérience courante et en partie par les savoirs scientifiques — objets physiques, atomes et molécules, étoiles et galaxies, êtres vivants, personnes humaines et sociétés, etc.

Mais est-ce vraiment là tout ce qui existe ? N'aurions-nous pas des raisons valables pour postuler qu'un autre ordre de réalité, moins manifeste ou tangible, soit également présent ? Tel est le problème philosophique que nous voudrions aborder ici, en dehors de toute référence à une religion particulière ou à d'hypothétiques « vérités révélées ».

Préalables méthodologiques

Première chose à bien saisir : répondre « oui » à la question posée, ce n'est pas nécessairement prétendre posséder une ou plusieurs *démonstrations irréfutables* de l'existence d'un éventuel règne supranaturel. Il se pourrait en effet que ce dernier, de par son essence même, échappe au type de preuve qui convient pour le règne naturel.

Tout d'abord, ne s'agirait-il pas d'une réalité inaccessible à nos cinq sens, ainsi que l'affirmaient d'anciens penseurs grecs comme Pythagore, Parménide et Platon ? Si tel était le cas, notre époque ne commettrait-elle pas une triste méprise, qui appauvrit terriblement la réalité, en voulant tout réduire au monde des apparences sensibles, alors que ce qu'on ne peut voir ou toucher n'en existerait pas moins ?

Aux yeux du matérialisme moderne, le surnaturel souffre d'une grave lacune : ne pas être susceptible d'une vérification scientifique. Mais en adoptant cette approche, on se trompe peut-être simplement de moyen de connaissance, après quoi, l'outil en question étant incapable d'atteindre la réalité visée, on décrète que celle-ci n'existe pas, un peu comme si, ayant en main un thermomètre, nous nous autorisions à nier l'existence de l'humidité sous prétexte que notre instrument n'y donne pas accès !

Plus généralement, croire que la réflexion rationnelle ne permettrait aucunement d'établir l'existence du surnaturel, n'est-ce pas une erreur lourde de conséquences, réduisant la rationalité à un scientisme étroit, convaincu de manière injustifiée que « seule la science nous fait connaître la totalité de ce qui existe » ?

Ce n'est pas faire injure à la science que lui refuser le monopole de la connaissance ; c'est seulement reconnaître ses limites. De la même manière, il serait navrant, par exemple, de dénier à l'art le statut d'une connaissance du monde sous prétexte qu'il n'est pas scientifique. Peinture, littérature et musique nous font connaître l'âme humaine autant que bien des traités « scientifiques » de psychologie.

Il se pourrait donc que le surnaturel, tout en demeurant inaccessible aux sens et à l'expérience scientifique, n'en existe pas moins, et que notre raison soit apte à nous en convaincre, pourvu qu'on ne la réduise pas arbitrairement à la méthode scientifique, cette dernière n'ayant pas le monopole de la rationalité. Lorsqu'un penseur d'aujourd'hui affirme l'existence du surnaturel, il soutient que nous avons d'excellentes raisons d'y croire, même si ces raisons ne sont pas de nature « scientifique ». La seule démarche acceptable pour décider s'il en est bien ainsi, c'est de peser attentivement, de manière aussi ouverte et impartiale que possible, les arguments en ce sens.

Cinq arguments

Quelles sont donc les principales raisons en faveur de l'existence du surnaturel ? Sans prétendre être exhaustif, on doit en évoquer au moins cinq en soulignant que, si leur force est variable (car certaines peuvent sembler plus douteuses ou discutables que d'autres), leur effet cumulatif apparaît globalement positif. Ce n'est pas tant chaque argument pris isolément qui est décisif, mais leur somme, dont l'effet devrait être de nous incliner à juger la croyance au surnaturel sensiblement plus raisonnable que sa négation.

L'argument du consentement universel. Pour commencer, on ne saurait manquer d'être frappé par l'universalité de la croyance au surnaturel : dans toutes les sociétés humaines, à toutes les époques, la très grande majorité des personnes saines d'esprit ont cru à une forme ou à une autre de surnature. En outre, il existe beaucoup d'exemples d'expériences religieuses ou de témoignages mystiques, des plus simples aux plus extraordinaires, chez des personnes de toute condition ou culture.

Les sceptiques objectent parfois : si l'humanité avait une connaissance directe du divin, pourquoi en rencontrerait-on des représentations si étranges et si diverses ? Mais cette objection vaudrait également pour les réalités naturelles : les hommes n'ont-ils pas cru, ici, que la terre était plate, là, qu'elle était ronde ? En quoi cela devrait-il nous faire douter de l'existence de la terre ?

Certes, les formes ou les noms des entités supranaturelles ont été étonnamment variés, mais guère plus que ceux de bien des phénomènes relevant de l'expérience courante du monde naturel. Pourquoi donc ne pas privilégier ce qu'il y a de commun et de fondamental dans cette abondante expérience religieuse, si ancestrale et si universelle, au lieu de s'attarder exclusivement aux divergences ? Cette diversité témoigne simplement de la difficulté de l'objet dont il s'agit, qui est multiforme et infini. Songeons aussi que, si le plus grand nombre peut parfois se tromper, il n'est guère vraisemblable que tout le monde se trompe tout le temps.

Par ailleurs, il serait imprudent de croire que l'expérience religieuse ou le témoignage des mystiques aient trouvé des explications naturelles parfaitement établies ou vérifiées. Au contraire, il n'est que raisonnable d'y voir une riche et complexe expérience du surnaturel, livrée par des êtres d'une rare sensibilité ou disponibilité. Sur un terrain voisin, celui de l'esthétique, viendrait-il à l'esprit d'un être cultivé de nier la réalité de l'émotion suscitée par les grandes œuvres sous prétexte que certains incultes sont incapables d'y avoir accès ? Nous avons plutôt tendance à écouter et à suivre des guides qui peuvent nous en faciliter l'approche dans la mesure où ils y ont eux-mêmes accès.

Les arguments cosmologiques. En second lieu, il semble bien qu'il existe une présomption rationnelle en faveur du surnaturel sur la base des principes, extrêmement bien confirmés, de l'explication causale. Toute l'expérience humaine et la connaissance scientifique militent en faveur du postulat selon lequel, en règle générale, chaque événement aurait nécessairement une ou plusieurs causes déterminantes qui en expliquent la survenue, les causes en question devant être proportionnées aux effets dont elles sont censées rendre compte (un enfant ne peut soulever une montagne). Toute chose a sa raison ; le plus ne peut sortir du moins ni l'être du néant. C'est là un principe universel de la pensée rationnelle : tout être qui n'existe pas de manière nécessaire doit son existence à une cause extérieure. Or l'univers matériel aurait pu, sans aucune contradiction, ne pas être, son existence n'ayant pas sa raison d'être suffisante dans son essence ou sa nature : il pouvait aussi bien exister ou non. À ce titre, il découle forcément d'une cause autre que lui.

Certes, il serait probablement envisageable de dire que la série des causes naturelles pourrait être infinie et sans terme. Mais outre que cela paraît difficilement pensable, il resterait qu'à force de se perdre en une infinité de causes, le réel resterait sans cause véritable, ce qui serait rationnellement inacceptable. D'une part, même une chaîne indéfinie de causes et d'effets aurait à son tour besoin d'une explication et, d'autre part, l'univers naturel ne semble aucunement posséder les caractéristiques requises pour pouvoir s'être créé lui-même, nous suggérant plutôt qu'il requiert à son origine une cause extraordinaire. En bonne logique, une source par elle-même nécessaire semble indispensable pour créer des choses contingentes. Or, seul un être doté d'une puissance infinie serait en mesure d'être sa propre origine, alors que l'univers naturel ne se compose que de réalités finies et limitées. Le monde n'ayant pu sortir ni du néant, ni de lui-même, cela suggère que ce qui l'a fait jaillir doit être d'un autre ordre : la raison d'être des choses ne peut pas logiquement se trouver sur le même plan que les choses elles-mêmes.

Si donc nous posons la question « Pourquoi y a-t-il quelque chose et non pas rien ? », autrement dit « D'où vient l'Univers ? », nous ne faisons qu'appliquer à la totalité des réalités et événements naturels cette approche causale, bien établie et justifiée, qui incline la pensée humaine à postuler que *rien n'arrive sans raison suffisante* et, par suite, à conclure ainsi, au moyen d'une déduction pleinement conforme à la raison, que l'existence naturelle (contingente, changeante, multiple, finie et imparfaite) ne peut s'expliquer que par l'opération d'un Être nécessaire, à la fois immuable, un, infini et parfait — donc supranaturel. Même si l'univers naturel était éternel et sans commencement, notre raison ne réclamerait pas moins d'en identifier la source ou l'origine causale et tout lui suggérerait que cette source ne puisse être elle-même naturelle. En ce sens, nous concluons donc que l'existence de l'univers et la nécessité d'une cause suffisante pour chaque réalité nous portent à envisager une origine surnaturelle de toute chose.

L'argument téléologique. Il y a plus, et ce sera notre troisième approche. Si la nature nous apparaissait comme un pur et simple chaos désordonné, elle nous pousserait sans doute beaucoup moins à lui supposer une origine transcendante. Or elle se présente à nous emplie de régularités et de stabilité. La science moderne nous enseigne même que, plus nous pénétrons dans les secrets de l'Univers, plus nous y découvrons une vaste et savante structure mathématique, gouvernée par des lois extrêmement subtiles et reposant sur un grand nombre de réglages précis ou délicats (*fine tuning*).

Qu'une seule des grandes constantes universelles de la physique ait été si peu que ce soit modifiée et la matière n'aurait jamais pu s'organiser en un univers complexe comme le nôtre ; la vie ni l'humain ne seraient jamais apparus. Tout se passe donc comme si la nature formait une vaste série de systèmes et de systèmes de systèmes, un tout harmonieusement ordonné ayant pour finalité l'apparition d'êtres vivants et intelligents comme nous. Est-il vraisemblable que cet ordre soit le produit d'un hasard aveugle ? Ne paraît-il pas beaucoup plus raisonnable d'en induire la probabilité d'une action ordonnatrice, d'un plan intentionnel et intelligent ?

L'expérience humaine de la création devrait ici nous servir de guide pour comprendre qu'un certain scientisme a fait un usage abusif du hasard. Dans toute création humaine, divers facteurs relèvent manifestement de la chance, mais la cohérence et l'unité du projet sont nécessairement le résultat d'une intentionnalité qui planifie et organise. Et devant un cosmos d'une telle richesse et d'une telle complexité, on invoquerait le hasard ! Le moindre chantier nécessite un plan d'architecte et un maître d'œuvre, mais le Cosmos se serait bricolé tout seul, à l'aveuglette ! Est-ce vraiment crédible ?

Bref, pour le dire autrement, étant donné l'extrême improbabilité que l'ordre de l'univers soit le fruit du hasard, il n'est pas déraisonnable de supposer qu'une puissance supranaturelle en soit la source : l'unité complexe de l'ordre du monde ne s'expliquerait vraiment que par l'opération d'une intelligence infinie.

L'argument ontologique. Il existe un quatrième argument classique à l'appui de l'existence d'une entité surnaturelle, qu'on appelle l'argument ontologique. S'il n'a plus aujourd'hui toute la faveur dont il a déjà joui dans le passé, il n'en demeure pas moins intéressant. Il repose sur une analyse logique du concept d'un être transcendant, parfait, infini, omniscient et tout-puissant.

Si l'on y réfléchit bien, essayer de penser que Dieu n'existerait pas se révèle en effet étrangement illogique, dans la mesure où l'idée même d'un être absolument parfait suppose évidemment qu'il possède toutes les qualités au degré le plus éminent et, au premier chef, l'existence : en effet, une entité inexistante ne peut posséder aucune perfection, l'inexistence même étant plutôt de l'ordre de l'imperfection.

Cette façon de raisonner, partant d'une simple idée pour en arriver à une affirmation d'existence, a subi de vigoureuses critiques et la portée qu'on doit lui accorder fait encore l'objet de vives discussions entre spécialistes. Retenons simplement que, dans la mesure où nous avons déjà trouvé divers motifs raisonnables pour adhérer à l'idée d'une entité supranaturelle transcendante, cet argument demeure susceptible de nous renforcer dans notre conviction que sa réalité soit au moins probable.

Si un raisonnement établissait que « le Père Noël doit logiquement être beau », cela n'aurait aucune valeur car rien de sérieux n'indique que le Père Noël soit autre chose qu'une pure fiction imaginaire. À l'inverse, comment ne pas voir que, si plusieurs arguments valables suggèrent fortement que le surnaturel existe, il peut devenir significatif de constater que l'existence réelle apparaisse rationnellement comme une propriété intrinsèque de tout être transcendant ? Ne serait-ce qu'en ce sens indirect, les « arguments ontologiques » sont loin d'apparaître caducs : par leur entremise, la pensée humaine, prenant conscience de son imperfection et de son aspiration à la perfection, rencontre peut-être en elle-même la possibilité logique d'un Infini qui la sollicite et la dépasse. C'est pourquoi on a pu affirmer que toute la philosophie n'est faite que de *notes de bas de page* portant sur l'argument ontologique.

Les arguments moraux. Une cinquième voie en faveur de l'existence d'un ordre supranaturel concerne ce qu'on appelle l'argument moral. La conscience morale est une caractéristique essentielle et générale de l'être humain, et elle implique un fort sentiment d'obligation et de reconnaissance intime de valeurs impératives. Rien, ni dans la nature ni dans la vie sociale, ne semble pleinement capable de rendre compte d'une telle instance, même si on a pu relever, en particulier chez diverses espèces de mammifères sociaux, des comportements impliquant un certain altruisme. C'est pourquoi cette conscience morale propre à l'humain peut être interprétée comme un indice de la présence du surnaturel en nous. Nous sommes moraux en notre âme et conscience, ces dernières ne semblant pas pouvoir se réduire à de simples réalités naturelles ou animales. Les valeurs morales, si on les prend au sérieux, pointent dans la direction d'une spiritualité humaine et de son corrélat, un être surnaturel transcendant, créateur moral du monde, qui nous aurait gratifié de cette qualité.

Il y a plus. Si le règne naturel était le seul, alors il serait clair que le mal et la mort l'emporteraient sans appel. Les justes, autant que les méchants, ne sont-ils pas exposés aux accidents, aux maladies et à la mort prématurée, et tous ne retournent-ils pas pareillement en poussière ? Dans le règne naturel, rarement un engagement moral trouve-t-il sa récompense ni une méchanceté sa juste punition. Impossible, dans de telles conditions, d'échapper à un désespoir angoissé et à la conclusion que la vie est absurde. Seule la postulation d'un ordre moral supranaturel serait apte à satisfaire aux exigences morales de notre raison.

Le sens moral de l'être humain nous oriente doublement vers le suprasensible, d'une part comme sa source, d'autre part comme sa garantie. Encore une fois, ce ne sont pas là des preuves contraignantes. Mais ce sont certainement des indications et des présomptions qu'il serait irresponsable d'ignorer.

Quelques éléments de réponse aux incrédules

Nous n'avons fait qu'esquisser rapidement cinq avenues qui, tracées par le seul raisonnement purement humain et philosophique, sans aucun appel à l'autorité d'une quelconque tradition religieuse particulière ni d'une révélation spéciale, nous amènent à conclure que l'existence d'un règne surnaturel non seulement ne semble pas être une simple fiction irrationnelle, mais se révèle au contraire relativement bien confirmée par plusieurs argumentations à la fois valables, cumulatives, indépendantes mais convergentes.

S'il en est bien ainsi, nous demandera-t-on, pourquoi tant d'esprits éclairés parmi les penseurs modernes ont-ils préféré rejeter cette croyance à un ordre surnaturel ? De nombreuses explications seraient sans doute possibles, mais nous en indiquerons trois.

La méconnaissance de l'invisible. Comme nous l'avons signalé en commençant, l'une des erreurs les plus graves de ceux qui sont tentés de nier le surnaturel, c'est de conclure trop hâtivement que ce qui est caché, mystérieux ou non évident, n'existerait pas. Un instant de réflexion devrait nous amener à mettre en doute cette façon de voir.

Prenons l'exemple crucial de la conscience (ou esprit, ou pensée, ou âme, comme on voudra l'appeler). Un hypothétique observateur extraterrestre, n'ayant de la race humaine qu'une connaissance objective et externe, pourrait-il soupçonner la riche vie intérieure dont chacun d'entre nous se sait, intuitivement et spirituellement, le sujet ? Voilà bien un cas où il paraît incontestable que le plus important est dissimulé : nous ne percevons d'autrui que des corps, des comportements, des gestes, des signaux, alors que pourtant nous savons bien, par analogie avec notre propre expérience vécue, qu'il se cache derrière ces apparences une réalité mentale invisible mais beaucoup plus fondamentale et plus précieuse.

Pourquoi n'en serait-il pas de même dans le cas de la nature ? L'essentiel est parfois invisible. Une chose imperceptible ou insaisissable peut malgré tout être bien réelle. On n'en finirait pas, d'ailleurs, de citer des exemples dans les sciences de la nature elles-mêmes : l'énergie, les champs quantiques, les quarks, l'information biologique, autant d'entités que rien dans notre expérience courante ne nous permet de localiser ni de définir, et que pourtant de puissantes raisons théoriques font considérer comme bien réelles.

Ce type de réflexion devrait suffire à nous rendre plus prudents avant de céder à la tentation de nier le surnaturel sur le simple motif qu'il n'est pas directement accessible à nos sens. Au bout du compte, l'hypothèse que *le cœur des choses pourrait être secret*, loin d'apparaître absurde à la recherche rationnelle, ne risquerait-elle pas de se révéler à la fois la plus profonde et la plus acceptable à un esprit humain dont l'ouverture à l'inconnu et la confiance en l'au-delà des sens seraient deux traits essentiels ?

La confusion entre critique des religions et pensée du surnaturel. Une seconde erreur de beaucoup d'incroyants, c'est de se laisser aveugler par les imperfections, les excès, voire les crimes dont les grandes religions ont parfois pu se rendre coupables au cours de l'histoire. Une recherche théorique et rationnelle de la vérité devrait pourtant se placer au-dessus de la mêlée. La question philosophique de l'existence ou non d'un règne supranaturel se situe bien au-delà d'une appréciation critique du rôle des institutions religieuses dans le devenir des sociétés humaines. Les athées, qui souvent se veulent avant tout rationalistes, ont sur ce point commis une erreur grave, qui a été de faire passer la critique sociopolitique, parfaitement légitime en son domaine propre, avant les exigences d'une discussion logique et désintéressée. Un sage proverbe veut qu'on ne jette pas le bébé avec l'eau du bain. Dénoncer les dogmatismes ou les fautes de telle ou telle religion est une chose, discuter du postulat d'un ordre surnaturel en est une autre, qu'il ne faut pas confondre.

Le piège de l'orgueil. Envisageons une dernière erreur, mais non la moindre : l'arrogance de l'humanisme athée. Le rejet du surnaturel, accompagnant la montée d'une affirmation de la valeur de la personne humaine, est souvent vécu comme une libération, une émancipation, une désaliénation. Pourquoi ? C'est que toute reconnaissance d'un ordre supranaturel subordonnerait l'humanité à plus grand et plus puissant qu'elle, ce qu'une certaine mégalomanie moderne n'est pas disposée à accepter. Pour beaucoup de nos contemporains, il n'est plus question de consentir aux obligations et aux restrictions de liberté associées à l'existence du surnaturel : ils se réjouissent d'être délaissés, car « si Dieu n'existe pas, tout est permis », selon la formule célèbre de Dostoïevski. Pour la psychanalyse, le meurtre du père symbolise le refus de l'autorité et la revendication de la pleine autonomie. Il se pourrait que cette attitude nous en apprenne davantage sur l'orgueil humain que sur la réalité d'un règne supranaturel.

Conclusion

Les penseurs d'aujourd'hui auraient intérêt à faire preuve d'une plus grande objectivité et à prendre honnêtement en considération les arguments, rationnels et convergents, qui nous suggèrent que le surnaturel existe. En philosophie, ce n'est pas la mode ou l'air du temps qui devraient emporter la décision, mais bien une prise en compte raisonnable des arguments. S'il en était ainsi, l'athéisme, le matérialisme et le nihilisme seraient certainement moins fréquents qu'ils ne le sont.

Pourquoi rejeter la croyance au surnaturel

La croyance au surnaturel est aussi vieille que l'humanité. Nous baignons en elle depuis tellement longtemps que nous acceptons avec trop de docilité cette thèse inattendue : non seulement existerait *réellement* une « surnature » immatérielle, spirituelle, sans commune mesure avec le monde dans lequel nous vivons, mais elle lui serait à ce point supérieure qu'il lui doive son existence même ! La nature n'est qu'ordinaire, banale, commune, alors que cette surnature serait extraordinaire, merveilleuse et prodigieuse. Que penser de cette affirmation surprenante ? Admettons provisoirement qu'au sujet de réalités aussi évanescentes, on ne puisse rien *prouver* — ni qu'elles existent ni qu'elles n'existent pas. On peut du moins raisonner à propos de ce problème et extrapoler à partir de l'ensemble de nos expériences et de nos savoirs. C'est ce que nous nous proposons de faire.

Une croyance douteuse

Que la majorité ait cru au surnaturel prouve seulement la présence chez l'être humain d'une certaine propension à y croire. Mais le fait de croire en quelque chose n'entraîne absolument pas que cette chose *existe* : la liste serait longue des choses auxquelles on a longtemps cru mais qui se sont révélées erronées. Habituellement, on établit l'existence d'une réalité invisible en l'inférant, aussi rigoureusement que possible, à partir de ses effets directement ou indirectement observables. Un large consensus, pas toujours immédiat mais solidement informé et rationnellement justifié, est nécessaire pour nous convaincre de l'existence de toute réalité qui s'éloigne de l'expérience courante, comme c'est le cas du surnaturel. Voilà du moins ce que nous suggère fortement la raison.

Prenons l'électron, que nul n'a jamais vu. Pourquoi semble-t-il un meilleur candidat que le surnaturel à l'existence objective? C'est que les effets qu'on lui attribue, comme la lumière lorsqu'on appuie sur un interrupteur, sont réguliers, sûrs et se manifestent à tous. Le consensus requis a ainsi fini par se faire à son sujet, même si nous sommes encore loin d'avoir percé tous les secrets de l'électricité. Par contre, les rares phénomènes dont seule une intervention surnaturelle pourrait rendre compte ont la fâcheuse habitude ou bien de finalement s'expliquer autrement, le plus naturellement du monde, ou bien de ne révéler leur extraordinaire origine qu'à ceux qui en étaient convaincus d'avance.

Mais que penser d'un phénomène apparaissant seulement à qui en est persuadé au départ? Après enquête et si personne d'autre ne l'aperçoit, on conclut à son inexistence et, éventuellement, au délire de celui qui prétend le voir. Les phénomènes du monde naturel existent pour tous ou n'existent pas. Pourquoi en serait-il autrement du surnaturel? Or dans son cas, pas de consensus. Depuis longtemps, une minorité non négligeable n'y trouve rien du tout. Quant à la majorité qui pense saisir quelque chose, d'une part elle s'effrite lentement, d'autre part elle minimise la diversité et les contradictions des représentations qu'elle s'en fait: pour les uns, il y a plusieurs dieux, un seul pour les autres; celui-ci croit à la réincarnation, celui-là à une âme immortelle, etc. Les partisans du surnaturel ne s'entendent pas sur ce dont il s'agit; on dirait parfois qu'ils ne comprennent pas grand-chose à ce dont ils parlent.

Difficile alors de se défaire de l'impression que, sous couvert de justification rationnelle, chaque groupe de croyants prêche pour sa paroisse. Négligeant les raisons les plus élémentaires d'en douter, chacun accorde un traitement de faveur à ses hypothèses favorites. Le soupçon croît quand on les entend faire si peu de cas d'objections pourtant sensées. Par exemple : les puissances de la matière n'étant tout de même pas nulles, d'où procède, sinon d'une conviction préalable, l'idée que la nature serait si impotente qu'elle aurait besoin d'une surnature pour l'expliquer ? Les sciences, en abandonnant tout recours aux causes ésotériques, ne réussissent-elles pas de mieux en mieux à expliquer l'Univers et son ordre par des processus certes complexes mais parfaitement naturels ?

Pourquoi les intuitions de quelques mystiques ou prophètes seraient-elles plus proches de la vérité que des siècles de patientes recherches ? La science n'est sans doute pas à l'abri de l'erreur, mais elle se rectifie : c'est sa méthode même. Comment serait-elle plus sujette à l'illusion que des cerveaux sincères mais enfiévrés ? Au total, même s'ils prétendent parfois s'appuyer sur l'humaine raison pour en établir l'existence, on dirait bien que, pour ses partisans, la « surnature » n'existe que par décret de leur foi. Dans ces conditions, il semble qu'un sain scepticisme, tout à fait congru avec la rationalité elle-même, devrait animer les esprits véritablement ouverts et soucieux de vérité et les convaincre que tout le fardeau de la preuve incombe à ceux qui prétendent à l'extraordinaire, au prodigieux, au merveilleux. Si quelqu'un affirme la présence de petits hommes verts invisibles pour les autres mais pas pour lui, la charge de la preuve lui en revient entièrement : ce n'est pas à nous d'essayer de démontrer qu'ils n'existent pas. Or, rien de sérieux ne paraît indiquer que des entités surnaturelles seraient à l'œuvre dans le monde ; tout indique au contraire qu'aucune intervention de cette sorte n'est utile pour comprendre la réalité.

Des mots qui n'expliquent rien

Les arguments les plus impressionnants en faveur du surnaturel raisonnent par les causes. Pourquoi y a-t-il quelque chose plutôt

que rien et pourquoi les choses sont-elles ainsi et non autrement ? Leur réponse, fondée sur le principe de raison suffisante
(tout a une cause), est la suivante : *en vertu d'une réalité supérieure
dont on doit supposer l'existence, faute de quoi rien n'existerait ni ne
serait tel qu'on le constate*. La force de ce type d'argumentation
repose sur son pouvoir explicatif, or il est nul.

Commençons par les définitions. Négativement, le « surnaturel » serait ce qui n'est pas naturel, c'est-à-dire ni matériel
ni soumis au temps et à l'espace, inaltérable et indestructible,
invisible et inexplicable par les lois scientifiques. Contraire du
monde matériel, ce ne serait donc rien de ce que nous connaissons, autant dire rien de ce que nous sommes en mesure de
comprendre, bref, un inexpliqué et inexplicable. Positivement,
il s'agirait d'une réalité toute-puissante, omnisciente, spirituelle,
éternelle, parfaite à tous égards et donc supérieure à la réalité
matérielle au point d'être en mesure de la faire exister et de
l'organiser — en un mot le divin, surnature absolue qui,
s'expliquant par soi-même, expliquerait tout.

Mais ces deux approches, négative et positive, sont-elles
véritablement équivalentes ? Car on doit se rappeler que, dans
un raisonnement, la logique exige que les concepts utilisés
conservent la même signification tout au long de l'argumentation. L'approche positive montre ceci : il est concevable qu'une
réalité s'explique d'elle-même. Pourquoi alors ne pas accepter
cette banalité qu'apparemment l'Univers matériel s'explique de
lui-même, existe parce qu'il existe — en somme, que *c'est comme
ça parce que c'est comme ça* ? Inversement, si l'on réclame une cause
extérieure pour l'Univers, pourquoi ne pas en exiger une
également dans le cas du divin ? Curieusement, on ne demande
jamais pourquoi Dieu existe ni d'où il vient, puisqu'il serait *par
définition* incréé et que dans son cas ce ne serait plus une banalité,
alors que ce l'est tout autant !

Méfions-nous du pouvoir que l'enflure verbale exerce sur
l'esprit, car ce n'est pas en renvoyant l'explication un cran plus
haut que le monde matériel, dans cette hypothétique surnature,

qu'on réussit à expliquer quoi que ce soit. Replaçons-nous dans le cadre du raisonnement fondamental déjà évoqué et nous aboutirons à deux conclusions. La première, à partir de l'approche négative : *le monde doit son existence à quelque chose que nous ne comprenons pas, qui n'a rien à voir avec le connu et que nous ne pouvons pas expliquer*. Ce raisonnement rate manifestement sa cible, car il revient à dire que nous sommes incapables d'expliquer pourquoi l'Univers existe, seul un inexpliqué et inexplicable « expliquant » le monde : on n'a rien expliqué du tout ni rien compris non plus, du moins rien de plus que le principe de raison suffisante, à savoir qu'il doit y avoir une cause à tout (autre banalité). Seconde conclusion, à partir de l'approche positive : *supposons une réalité extraordinaire capable de créer l'Univers et qui en expliquerait l'existence*. Appelez-la « Dieu » et vous aurez l'impression d'avoir dit quelque chose. Mais si, comme l'exige la logique, ce mot signifie la même chose que ceux de la première approche vous n'avez, là encore, rien dit ni expliqué, seulement articulé des *mots creux*.

Le tour de passe-passe consiste à confondre le langage et les choses : puisque j'ai un mot, l'objet existe. Mais du simple fait qu'on la nomme, on ne peut conclure qu'une réalité existe. Le mot « rose » désigne une fleur, mais le mot « licorne » ne renvoie qu'à une fiction. Chacun sait qu'il n'y a pas de licornes, ce qui ne nous empêche pas d'en faire des représentations et de continuer à utiliser ce terme pour évoquer une créature sortie de notre seule imagination. À quelle catégorie appartiennent « surnaturel » ou « Dieu » ? Les croyants jugent qu'ils appartiennent à celle d'« électron », « rose » ou « Napoléon ». Pour ma part, et en l'absence de raisons convaincantes, je persiste à les classer dans la même catégorie que « licorne », « Petit Chaperon Rouge » et « Père Noël ». Les partisans de la surnature, à la suite d'ailleurs d'une bonne partie de l'humanité, sont tombés dans le piège consistant à prendre le mot pour la chose.

Les arguments de type causal en faveur du surnaturel ne sont que bavardage : on ne raisonne pas, on répète sans vraiment comprendre quelques *Nobles Mots* transmis par la tradition. Face à cette objection, les partisans du surnaturel se réfugient derrière l'extrême complexité de ces profonds problèmes, invoquant l'incapacité de notre raison à pénétrer cette surnature qui la dépasse. De quelque manière qu'on le retourne, ce subterfuge échoue à donner des raisons valables pour penser qu'à l'extérieur de nos mots et de nos idées, ce monde surnaturel *existe*. « Dans le doute, abstiens-toi », dit la maxime.

L'homme a créé Dieu à son image

Une question se pose alors : comment l'humanité, pourtant intelligente, serait-elle tombée dans ce panneau ? Pourquoi avoir *cru* en la surnature ? Rien ne nous autorise à penser que nos ancêtres étaient moins intelligents que nous. La différence entre eux et nous tient principalement aux connaissances disponibles : nos prédécesseurs n'étaient pas débiles, ils étaient ignorants. C'est la condition native de notre espèce comme de chacun de nous, qui a dû tout apprendre. L'intelligence est le corrélat de cette ignorance congénitale : nous sommes condamnés à apprendre, à chercher comment survivre et, pour ce faire, comment fonctionne la réalité. D'où l'intelligence, dispositif pour penser, chercher et trouver, outil de base d'autant plus incontournable que la survie même de notre espèce dépend de son usage.

Nos ancêtres se trouvaient donc sans doute dans une situation aussi inconfortable qu'était grande leur ignorance et précaire leur survie. En l'absence des informations que nous possédons aujourd'hui, la nature devait leur sembler bien capricieuse. Soumis qu'ils étaient à ses mécanismes impénétrables, le sentiment de leur vulnérabilité devait être constant ; le monde devait leur apparaître menaçant quand les éléments leur étaient hostiles, bienveillant s'ils leur étaient propices. L'incertitude et la crainte devant l'avenir, autant que le désir qu'il soit favorable, animaient les nombreuses questions par lesquelles leur intelligence se manifestait spontanément. *Chercher* se trouvait ainsi motivé par la peur autant que par le désir de survivre.

Une mythologie nocive

Le monde dans lequel nous vivons est imparfait. La matière est affligée d'un grave travers : elle est altérée par le temps, le devenir, le changement. Si le temps permet la croissance et le développement, son terme ultime est malheureusement la mort : la plus grande imperfection du réel est de faire place à la corruption, à la dégénérescence et à la disparition. Pour les vivants, surtout des vivants intelligents et conscients de cette réalité, se savoir condamnés à mourir n'est guère chose réjouissante, convenons-en ! C'est pourquoi nous fabulons : par la croyance au surnaturel, nous espérons sinon gagner l'immortalité, du moins obtenir un répit face à nos angoisses. En ce sens, la foi remplit sans doute des fonctions psychosociales, relativement utiles en apparence : dissiper certains mystères grâce à des explications faciles à comprendre même par des esprits simples ou incultes ; réconforter et rassurer devant l'adversité, procurant ainsi une forme imaginaire de paix, d'espoir, de confiance et de bonheur intérieur ; renforcer la cohésion du groupe social tout en favorisant l'acceptation d'un ordre moral collectif, etc.

Née dans l'ignorance, la surnature se réduit à une expression du narcissisme humain, l'idée maîtresse étant que nous ne serions pas vraiment des êtres naturels puisque nous participons de la divinité qui nous a mis au monde. Si nous sommes les rejetons des dieux, il n'y a aucune raison pour que nous ne soyons pas immortels comme eux. L'être humain ne serait donc pas un animal, son corps ne serait qu'une prison temporaire, une caverne où il se trouve provisoirement exilé. Nous viendrions d'un au-delà où nous retournerons, nos existences corporelles n'étant qu'un passage. La vraie vie est ailleurs.

C'est un fait bien connu que l'être humain se fait souvent piéger à prendre ses désirs pour des réalités, et pas seulement en matière de surnaturel ! Mais l'effectivité de notre désir n'est pas une bonne raison de croire à celle de son objet. De plus, en déplorant que notre existence terrestre ne soit ni parfaite ni éternelle, la croyance au surnaturel nous amène à dévaloriser la vie, à la pervertir autant qu'à nous dénaturer. Car cette idée d'immortalité est généralement accompagnée de celle d'une intervention du surnaturel dans le cours même de l'existence terrestre, avec l'espoir d'être choyé ou récompensé et la crainte d'être puni par cette instance supérieure. Les principaux événements de notre vie relèveraient alors d'un destin caché ou d'interventions divines : « Qu'ai-je fait au bon Dieu pour mériter un tel sort ? » Les multiples désagréments de l'existence sont interprétés comme étant mérités. L'être humain est coupable et le châtiment divin le lui confirme.

Cette attitude empoisonne la vie en distillant une culpabilité malsaine. Il est déjà assez difficile d'affronter ce que le hasard nous impose sans par surcroît nous en rendre responsables, en nous prenant nous-mêmes pour des anges empêtrés. De surcroît, ce recours au surnaturel a souvent servi à effrayer l'humanité face à des comportements de saine jouissance. Pensons aux condamnations qui ont corrompu la sexualité dans le christianisme et nombre d'autres religions. Le corps est coupable. Étant la prison de l'âme, il lutte contre elle. Sa propension à jouir est envisagée comme un obstacle à l'élévation spirituelle. Situation affligeante pour les vivants que nous sommes : je devrais renoncer à ce que je suis pour une chimère. Espoir trop cher payé. La condition humaine n'est sans doute pas à la hauteur de tous nos désirs, mais c'est le bien le plus précieux que nous ayons, et c'est nous desservir que de la dénigrer et d'en pervertir à ce point la saveur, sans compter que l'éternité si convoitée ne vaudrait peut-être pas le sacrifice — pour citer Woody Allen : « L'éternité c'est long, surtout vers la fin... »

On a prétendu que le surnaturel servait de fondement irremplaçable pour la morale. L'être humain ne serait pas capable de moralité s'il n'en espérait une récompense. Seule la crainte du châtiment terrestre ou éternel le retiendrait de laisser libre cours à son égoïsme et à sa méchanceté. « Si Dieu n'existe pas, tout est permis », soutient Dostoïevski, reprenant ensuite le mot de Voltaire : « S'il n'existait pas, il faudrait l'inventer. »

Cette idée déprimante est contraire à tout humanisme digne de ce nom. Une éthique qui ne reposerait que sur la crainte d'être puni ou l'espoir d'une récompense relèverait d'un calcul mesquin et fort peu moral. D'ailleurs, les croyances religieuses ne nous ont guère empêchés jusqu'à présent de commettre en leur nom bien des horreurs.

Nous sommes suffisamment sensibles pour être moraux sans recourir à la loi divine. D'une part, nous fuyons et exécrons la douleur, comme tous les vivants doués de sensation, car nous y voyons à juste titre l'indication d'une menace pour notre intégrité physique ou psychique. D'autre part, contrairement aux vivants dont le cerveau est moins complexe, nous avons la capacité de nous mettre à la place de notre semblable : compatir à la souffrance d'autrui, c'est comprendre son intégrité en même temps que la nôtre. Nous sommes moraux en raison de ces deux facteurs à partir desquels, au fil des siècles, nous nous sommes construits une certaine idée de l'humanité. En nous imaginant que, sans une autorité surnaturelle, nous serions des égoïstes invétérés, nous abandonnons la seule dignité qui nous reste. Encore une fois, c'est trop cher payer.

Pour couronner le tout, la croyance au surnaturel nous coûte le peu de liberté que nous avons. Elle implique en effet le principe d'une subordination de notre volonté à celle d'une entité supérieure qui pourrait et devrait légitimement nous commander et obtenir de nous obéissance. Est-il besoin de souligner l'usage que tous les pouvoirs établis n'ont pas manqué de faire de cette idée ? Les autorités religieuses et civiles ont soumis les peuples en se prétendant les héritiers directs du pouvoir divin. Le surnaturel véhicule avec lui les idées de soumission et d'aliénation. Chacun de nous devrait se déposséder de l'autorité légitime qu'il exerce sur sa vie, au profit d'une tutelle fantasmée qui risquerait rapidement d'en cautionner d'autres ? Les anarchistes ont bien vu le côté pernicieux de ce recours à la surnature, eux qui proclamaient : « Ni dieu, ni maître. »

Au total, il n'existe aucune raison acceptable pour croire au surnaturel. Nous n'avons pas besoin de cette chimère sortie de notre ignorance, qui nous prive de nos moyens et ne continue de nous hanter que pour mieux empoisonner notre vie, nous rabaisser, nous dénaturer et nous mépriser.

IV

Que sommes-nous ?

L'homme est-il un animal ?

(Un dialogue)

Claudia : Depuis longtemps, au détour de nos conversations, nous avons pu entrevoir nos divergences au sujet de la nature humaine. Si tu voulais bien, j'aimerais que nous fassions un effort pour clarifier nos points de vue respectifs à ce propos.

Marie-Ève : J'accepte d'essayer. Mais tu vois, au risque de caricaturer, j'ai l'impression que tu nous considères un peu comme des anges déchus emprisonnés dans un corps mal adapté à notre âme, alors que pour ma part, je crois au contraire que nous n'avons pas d'âme du tout et que nous ne sommes au fond que des animaux, simplement des animaux plus complexes que les autres.

Claudia : Quant à moi, comme tu t'en doutes, je m'oppose résolument à une telle manière de voir, étant convaincue que l'être humain se caractérise avant tout par une dimension proprement spirituelle, irréductible à l'animalité et inexplicable par la seule évolution biologique. Nous ne sommes pas juste des primates un peu plus évolués, naissant et mourant sans raison ni but, puisque nous avons une vie intérieure, un libre arbitre moral, un potentiel de spiritualité, un aspect subjectif et une âme personnelle dont on ne rencontre aucun signe apparent dans le règne animal.

Marie-Ève : Tu sais, la vérité c'est que je ne parviens pas à saisir pourquoi tu as besoin de *deux* niveaux de réalité, d'un côté le corps physique, de l'autre l'âme spirituelle. Pourquoi ce deuxième niveau, sorti de nulle part et dont nous n'avons aucune preuve ?

Claudia : Et moi, je n'arrive pas à comprendre que tu ne voies pas les dangers de ta position. Non seulement je suis convaincue que ta vision a quelque chose de réducteur et nous ampute d'une part essentielle de notre être, mais j'ajouterais qu'il y a de sérieuses raisons de craindre qu'une conception comme la tienne ne conduise directement à une remise en cause de la dignité morale de l'être humain et n'entraîne des conséquences éthiques très graves. Si nous n'avons pas d'âme et sommes des animaux, pourquoi une vie humaine serait-elle plus précieuse et mériterait-elle davantage de respect que celle d'un singe, par exemple ?

Marie-Ève : Bref, il est clair que nous sommes totalement en désaccord !

Claudia : En effet. C'est justement pourquoi, connaissant quelles sont nos positions, je souhaiterais que nous tentions d'expliquer nos raisons et de confronter nos divers arguments.

Marie-Ève : Eh bien, je commencerais volontiers en mettant en avant l'observation selon laquelle nous autres, êtres humains, sommes faits des mêmes éléments qu'on peut retrouver dans tout l'univers qui nous entoure et sommes soumis aux mêmes lois. Non seulement notre corps est composé d'atomes et de molécules en tout point identiques à ce qu'on observe dans l'ensemble de la nature et dans le règne animal, mais notre destinée, c'est-à-dire le cours de notre vie de la conception à la mort, suit exactement les mêmes étapes.

À mon avis, nous avons là un exemple particulièrement frappant d'une question philosophique où les connaissances scientifiques devraient jouer un rôle capital. Depuis Darwin, avec la génétique, la paléontologie et l'archéologie récentes, il paraît difficile de douter raisonnablement que nous ne soyons le produit confirmé de l'évolution des espèces. De leur côté, les sciences humaines (anthropologie, sociologie, psychologie, etc.) nous permettent actuellement de comprendre et d'expliquer de mieux en mieux une gamme sans cesse plus vaste de comportements ou activités humaines à la lumière de facteurs biologiques et sociaux, sans jamais avoir à faire appel à aucune dimension transcendante. C'est pourquoi j'oserais avancer que les théories de la nature humaine antérieures au vingtième siècle reposaient sur une telle ignorance que cela leur ôte pratiquement toute valeur.

Ce qu'on appelle l'intelligence, la pensée, la conscience, l'esprit, ne semble bien être en dernière analyse que des phénomènes naturels, compréhensibles dans le cadre de la biologie évolutionniste et dont on retrouve d'ailleurs des prémices ou traces incontestables chez tous les mammifères, en particulier chez nos plus proches cousins les primates. En fait, tout indique que ces aspects de notre existence sont directement corrélés au fonctionnement de notre système nerveux central et qu'ils pourront, un jour prochain, être de mieux en mieux élucidés par les neurosciences. Pourquoi la conscience humaine ne serait-elle pas ce qu'on appelle une « propriété émergente » — un peu comme dans le cas de l'eau, formée de deux éléments dont aucun n'est liquide dans les conditions usuelles et dont la réunion le devient pourtant, sans qu'on ait eu besoin d'ajouter une troisième entité indépendante, la « liquidité ». Dans cette hypothèse, notre pensée, résultant de l'évolution biologique, apparaîtrait bien comme le produit de l'activité des neurones cérébraux et ce que nous baptisons « esprit » ne serait que la somme des facultés de notre cerveau, dont l'extraordinaire complexité rend possible qu'il entretienne toutes les fonctions traditionnellement attribuées à l'« âme » (sentir, penser, imaginer, se souvenir, rêver, etc.).

Entre nous et les autres primates, il n'y aurait donc pas de différence de nature mais seulement de degré. Nous avons longtemps cru que nous possédions le monopole absolu de la pensée intelligente, le postulat implicite étant que l'intelligence présupposerait une réalité à part, la conscience, qui ferait défaut aux animaux. Mais depuis un bon moment déjà nous savons que, dans le développement des espèces, l'intelligence fait son apparition avec les oiseaux, comme en témoigne l'importance, chez la plupart d'entre eux, de l'apprentissage auprès des parents pour la réussite de l'adaptation et de la survie. Ce rôle de l'intelligence ne fait que croître chez les mammifères et, a fortiori, chez les primates, à tel point qu'on n'hésite plus aujourd'hui à comparer l'intelligence humaine et celle de nos cousins les grands singes, ni même à parler de «proto-cultures» à propos de ces derniers. Comment douter qu'un chimpanzé soit «conscient»?

Note bien, tout cela ne m'empêche pas de considérer, comme toi, que le plus intéressant et le plus précieux chez l'être humain, c'est finalement ce qui nous distingue: le langage et les activités symboliques, le niveau élevé d'intelligence et la pensée rationnelle, l'intersubjectivité et la communication, l'imagination et la créativité, l'historicité et la socialité, les cultures et les savoirs, le projet conscient et l'action volontaire, la responsabilité et une certaine forme de liberté — choses qu'on ne retrouverait pas chez une poule ou une vache! Donc, je ne nie pas que l'humain soit différent des autres animaux.

Claudia: À tout cela je te répondrai que, certes, des animaux peuvent posséder une forme inférieure d'intelligence, et aussi que pour leur part les êtres humains ont effectivement un corps biologique; je ne songerais pas un instant à le nier et je reconnais que nous sommes en bonne partie soumis aux limites et aux influences imposées par les lois naturelles. Mais la différence entre toi et moi, c'est que je n'accepte pas le saut consistant à passer de la partie au tout. Une part de nous est animale, c'est évident. Seulement, la question cruciale est la suivante: le *tout* l'est-il? Ce qu'il y a d'essentiel en nous l'est-il?

Non seulement est-ce très loin d'être établi, mais il ne suffit absolument pas d'invoquer une hypothétique «science future» pour le rendre vraisemblable. Quand tu me dis «un jour les neurosciences expliqueront la pensée par le fonctionnement du cerveau», c'est vraiment un sophisme trop facile. Car la vérité, c'est plutôt que, pour l'instant, rien n'indique qu'on puisse réduire la pensée à la seule activité cérébrale. Sir John Eccles, le célèbre neurologue australien et prix Nobel, n'était-il pas convaincu que c'était au contraire l'*esprit* qui utilisait le cerveau pour agir sur le reste du corps ?

En effet, les humains ne sont pas faits seulement de muscles et de nerfs, ce ne sont pas de simples objets naturels. Chez nous, comme en témoigne notre expérience intérieure, il y a une dimension subjective qualitativement irréductible, un univers spirituel autonome. C'est mon esprit qui pense. D'ailleurs, si l'on y réfléchit bien, on constate aisément que l'affirmation selon laquelle ce serait mon cerveau qui le ferait, et non ma personne subjective, est tout bonnement inintelligible : une pensée est par nature incommensurable à des décharges électriques dans des neurones, et tu aurais beau observer un jour dans les moindres détails ce qui se passe dans un cerveau vivant, jamais tu n'y trouverais une idée, une pensée, une émotion, une intuition, un état de conscience, tout simplement parce que ce ne sont pas des objets matériels observables.

En fait, cela ne devrait pas nous surprendre. Rien ne prouve, en effet, que les approches objectives du type scientifique soient adaptées à *tout* ce qui est réel. Au contraire, il semble raisonnable d'estimer que les faits mentaux relèvent de l'intuition ou de la compréhension, et non pas de la mesure ni de l'explication. L'âme n'est pas perceptible extérieurement, et un chirurgien qui la chercherait au bout de son scalpel ne risquerait pas de la trouver, car la vie intérieure est d'essence spirituelle et non physique. Pour l'établir, il suffit d'accorder sa place, légitime et irremplaçable, à notre connaissance introspective « en première personne ». Par ce moyen, je sais que je suis un centre subjectif et personnel, cultivant des pensées, des sentiments, des souvenirs, des désirs, c'est-à-dire une vie intérieure qualitativement différente de tout donné physique et irréductible à des phénomènes matériels.

Contrairement aux objets physiques, ma vie intérieure est impossible à localiser précisément dans l'espace et n'est pas divisible en parties adjacentes. En outre, elle est strictement privée, en ce sens que je suis seule à y avoir cet accès direct et immédiat qu'on appelle conscience de soi, grâce à quoi je suis en mesure de connaître mes contenus mentaux d'une manière privilégiée, totalement inaccessible à autrui. Réciproquement, comme je le disais à l'instant, même si je pouvais connaître tout ce qui se produit matériellement dans le cerveau de quelqu'un d'autre, cela ne me donnerait absolument pas accès à son vécu subjectif. Le simple fait que notre esprit puisse s'interroger sur sa propre nature ne suffit-il pas à indiquer qu'il va bien au-delà d'un pur mécanisme cérébral ? La conclusion la plus raisonnable serait donc, d'après moi, d'admettre que l'homme est par nature un être double, dont la partie la plus précieuse et la plus élevée est sans conteste l'esprit ou l'âme, et non le corps.

Parmi les meilleures preuves indirectes de ce fait, il y aurait par exemple le sens esthétique, la liberté et la conscience morale. Prenons seulement le premier. Qui pourrait nier que l'être humain ait une sensibilité qui n'est pas animale ? Elle est capable, même si elle n'y atteint pas toujours, d'un raffinement remarquable, à côté duquel les grands singes sont d'une grossièreté repoussante. Nos oreilles et nos synapses sont-elles ce qui jouit quand nous écoutons la musique de Bach ou de Beethoven ? Non, c'est l'âme qui reconnaît des accents familiers. L'art, en particulier la musique, exprime et rejoint cette spiritualité en nous.

Combinons au hasard les atomes, et la probabilité d'obtenir une personne humaine, avec la sensibilité qui est la sienne, ou encore les pièces de Shakespeare et les quatuors de Schubert, est infiniment proche de zéro. Il faut admettre qu'il y a autre chose dans ce monde qu'une matière insignifiante et des agencements moléculaires : il y a de l'esprit. Le matérialisme se trompe donc lorsqu'il s'imagine que seules des réalités physiques existent. Je crois sincèrement qu'en ramenant l'esprit au corps tu opères une réduction erronée et que tu « expliques » le plus par le moins, ce qui est rationnellement intenable.

Nous sommes peut-être incapables de comprendre l'origine de cette dualité ainsi que les secrets de l'interaction entre ces deux entités mystérieusement réunies en nous, le corps et l'âme, mais cela ne permet aucunement de nier l'évidence. L'expérience de la conscience réflexive, celle de la liberté, ou encore celle des dimensions esthétique, religieuse ou métaphysique, nous indiquent suffisamment que la spécificité de l'être humain réside dans un arrachement par rapport à la nature animale et un passage à la spiritualité.

Marie-Ève : Un mot d'abord sur ton illustre neurologue. J'ai bien peur que ce ne soit pas tant comme scientifique qu'il intervient que comme spiritualiste, et que tout son savoir en neurologie ne justifie ni ne fonde votre option philosophique commune, qui me semble plutôt mise à mal par les faits. Songe par exemple à la dégradation et même à la disparition de certains contenus mentaux observées chez des personnes atteintes de lésions cérébrales. Dans ces cas précis, ton postulat dualiste t'amène à juger « rationnellement intenable » l'idée qu'un déficit organique entraîne un déficit de conscience, alors qu'une telle explication semble au contraire tout à fait plausible et compréhensible même si, pour l'heure, elle est incomplètement élucidée par la biologie.

Quant à la « science future » que tu me reproches d'invoquer, on ne peut bien sûr qu'attendre ses résultats, mais je crois que nous pouvons affirmer sans elle que la pensée symbolique et conceptuelle est simplement l'une des propriétés d'un certain niveau d'intelligence. Je crains que tu ne commettes une erreur très commune : tu fais plus compliqué qu'il n'est nécessaire. Le fossé entre la conscience animale et la nôtre n'est peut-être pas aussi grand que nous nous plaisons à le croire, et il ne me paraît guère discutable que, si un chimpanzé a la migraine, lui seul le ressent directement et privément, tout comme toi ou moi, sans que cela nous justifie à faire appel chez lui à une âme incorporelle. L'« esprit » n'est pas plus utile pour rendre compte de notre pensée que ne l'étaient en leur temps les « esprits animaux » dont on croyait avoir besoin pour expliquer la circulation du sang !

Tu ne sembles pas voir qu'en mettant ainsi notre conscience en dehors du reste de l'univers tu risques de rendre incompréhensible la nature humaine elle-même. Or, le degré de notre enracinement dans l'héritage biologique mammalien et primate ne cesse de se révéler plus profond et plus étendu qu'on ne le pensait, englobant des prédispositions comportementales tout à fait fondamentales. Ce n'est pas par choix que nous vivons en société ou que nous nous formons par apprentissage, c'est l'effet de notre patrimoine génétique. Les chimpanzés manifestent d'ailleurs en groupe beaucoup de comportements sociaux comparables aux nôtres : respect de règles de conduite, dons, échanges, jalousie ou vengeance, punition des infractions, etc. D'autre part, on observe de nombreux traits universels parmi toutes les cultures humaines (tabou de l'inceste, penchant pour la narration et le dialogue, augmentation tendancielle des hiérarchies et des inégalités en fonction directe du nombre de membres du groupe, existence d'une division du travail selon l'âge et le sexe, expression corporelle des émotions fondamentales comme la joie et la tristesse, imposition d'un conformisme groupal, etc.).

C'est ainsi qu'il existe certaines constantes, psychologiques et sociales, chez tous les êtres humains normaux. Étant membres d'une même espèce dotée d'un fonds génétique commun, il serait surprenant que nous n'ayons pas de tels traits universels. Simplement, à titre d'exemple, peut-être parce que c'est une caractéristique qui a mauvaise presse auprès des philosophes et qui passe souvent pour immorale, je voudrais retenir ici le cas du calcul d'intérêt égoïste.

Entendons-nous bien, je suis consciente que l'être humain présente aussi certains comportements grégaires, coopératifs ou altruistes, mais je crois qu'ils ne constituent pas une réfutation de la thèse que, *par nature*, tout être humain se comporte en général d'une manière calculatrice ou « rationnelle » visant à

maximiser son intérêt personnel (compte tenu des circonstances
et dans la limite des opportunités réellement disponibles). Je
pense en effet qu'un agent rationnel peut parfaitement accomplir
des gestes solidaires, généreux ou charitables tout en demeurant
foncièrement fidèle au modèle de la maximisation de son intérêt.

Quoi de plus normal d'ailleurs ? La motivation humaine
serait incompréhensible si les gens se mettaient à accomplir des
actions dont ils ne pourraient escompter aucun bénéfice direct
ou indirect d'aucun ordre que ce soit — à moins de se conduire
au hasard et à l'aveuglette. Mais justement, étant intelligent et
motivé par la recherche d'avantages tangibles pour lui-même
et ses proches, l'humain tend à préférer les actions dont les divi-
dendes prévisibles l'emportent sur les coûts connus, du moins
à long terme et en moyenne. Si nous étions de purs esprits, des
anges en quelque sorte, nous serions peut-être capables de
désintéressement absolu. Mais ce n'est pas le cas. Au contraire,
la nature humaine existe, elle n'est pas angélique et elle est
biologiquement compréhensible.

Claudia : Pour moi, cette question de l'altruisme est un bon
exemple de ce même sophisme généralisant que je reproche à
ceux qui, comme toi, prétendent réduire l'humain à l'animal ou
ramener nos actions au calcul égoïste. Il est incontestable que
certaines actions sont purement égocentriques et que beaucoup
d'autres comportent une certaine part d'égoïsme, plus ou moins
évidente, parmi leurs motivations. Mais il suffit de quelques
rares cas où une personne fait montre d'un héroïsme vraiment
désintéressé pour invalider le genre de généralisation dont tu
m'abreuves. Or, il n'est guère contestable que de tels exemples
se rencontrent : l'homme s'élève parfois, par amour, par charité
pure, par sens du devoir, par esprit de sacrifice, au-dessus de tout
égoïsme même indirect.

Seul un esprit mesquin peut alors insinuer qu'il subsisterait
peut-être un mobile caché dans de tels cas — qu'une Mère
Teresa n'aurait fait que rechercher inconsciemment les privilèges
de la sainteté ou qu'un Schindler ne songeait secrètement qu'à

ses profits ou à sa gloire future. Encore une fois, alors que j'admets dans l'âme humaine la part animale ou égoïste à laquelle tu voudrais tout ramener, de ton côté tu refuses de reconnaître l'existence de l'élément spirituel ou altruiste qui pourtant s'y ajoute manifestement. On dirait qu'il te faut, à n'importe quel prix, une nature humaine unilatérale, alors que tout témoigne au contraire de la radicale dualité de l'être humain, mi-animal, mi-spirituel.

Permets-moi d'ailleurs de souligner que la question de l'altruisme doit être soigneusement distinguée de celle, encore plus fondamentale à mes yeux, de la liberté. En effet, les animaux eux aussi ont parfois des comportements altruistes. Pourtant, même dans ces cas, ils semblent entièrement soumis à des lois naturelles, biologiques, au mieux sociales. Les humains au contraire sont uniques, originaux, imprévisibles et surtout radicalement responsables de leurs choix, parce qu'ils pensent, délibèrent, réfléchissent, analysent et décident au moyen de toutes les ressources de leur esprit et de leur conscience, dont les animaux sont dépourvus. C'est que nous sommes *libres* et que cette liberté est inexplicable par le jeu de lois scientifiques.

Là-dessus, notre sentiment intime ne peut nous tromper : nous ressentons directement et sans aucun doute possible que nous possédons la puissance intérieure de choisir. Nous pourrions aller à gauche ou à droite, mentir ou dire la vérité, faire le bien ou mal agir. Nous avons le contrôle de notre propre vie. Nos actions dépendent de notre volonté libre, comme nous le confirme le témoignage indubitable de l'introspection, par exemple dans le choix de certaines décisions, qui peut nous déchirer jusqu'à l'angoisse. Si nous étions complètement déterminés, il n'existerait aucune forme possible de questionnement. Vouloir, refuser, choisir tel geste plutôt que tel autre, c'est expérimenter qu'aucune force ne nous contraint absolument. Il est vrai que ce pouvoir nous met à part du règne naturel : la liberté n'est pas sur le même plan que le monde des choses ou des bêtes. Un singe ne choisit pas, un homme agit librement.

Marie-Ève : Je pense que ton soi-disant libre arbitre n'est qu'un mythe. Quand tu dis « un singe ne choisit pas, un humain choisit », ton affirmation est on ne peut plus équivoque. Car je pense que le chimpanzé choisit parfois lui aussi, mais à l'intérieur de limites plus étroites que celles imparties à l'humain. Le programme biologique de notre espèce est plus ouvert, et c'est dans cette ouverture que s'exerce une liberté de choix plus grande que celle du chimpanzé. Cependant, cette relative autonomie s'inscrit aussi dans le cadre de certaines contraintes, car chaque être humain demeure le produit déterminé résultant de la conjonction unique et complexe des facteurs qui l'ont modelé, formé et influencé, de son hérédité à son milieu social en passant par sa formation scolaire.

Nous ne sommes pas différents en cela du reste de la nature : tout phénomène découle d'une série de causes opérant selon des lois constantes et uniformes. L'univers entier est soumis à une légalité régulière, et nous autres humains n'échappons pas au sort commun. Dans notre cas, les niveaux de déterminisme sont simplement multiples et cumulatifs : sur le plan biologique on trouve des réflexes, des tendances instinctuelles, des mécanismes innés et des causalités génétiques ; sur le plan psychosocial, on recense les pressions de la socialisation et de l'éducation, les structures de la personnalité ou du caractère, les pulsions de l'inconscient, les influences géoclimatiques, économico-technologiques, culturelles, historiques, ainsi que les conditionnements engendrés par l'appartenance à des classes sociales, par la propagande idéologique ou par l'inculcation précoce de croyances religieuses, de mœurs ou d'habitudes collectives — et la liste de telles causalités est certainement loin d'être close.

S'il est vrai que, dans la plupart des cas particuliers (tel geste précis de telle personne), nous sommes en pratique incapables de reconstituer de manière exhaustive la série complète des interactions et des lois qui entrent en jeu (y compris nos délibérations), c'est parce que la vie humaine est excessivement complexe et que chacune de nos actions est la résultante d'un ensemble de facteurs beaucoup trop nombreux et inextricables. Justement, la croyance au déterminisme et à son application dans la sphère humaine ne peut que nous inciter à avancer toujours plus dans la recherche d'une explication, et c'est d'ailleurs ainsi que progressent effectivement les sciences sociales.

Pour résumer, quand on examine tous ces faits, on est conduit à concevoir que le « libre arbitre » pourrait bien n'être qu'un vocable magique et dépassé, servant à masquer notre ignorance de tout ce qui nous fait agir et à nous glorifier d'un soi-disant pouvoir transcendant et surnaturel. Tout indique que cette faculté mystérieuse et non naturelle n'existe pas.

Claudia : Te rends-tu compte qu'en niant ainsi la volonté autonome de l'être humain tu contribues d'une part à priver de fondement le respect de la dignité de la personne humaine, et d'autre part à saper les bases de la morale en général et de la punition des crimes en particulier ? Il est faux de dire que le patrimoine génétique, l'éducation et l'environnement forcent un être humain à commettre une mauvaise action sans en être véritablement le responsable. Pour le montrer, il suffirait d'un seul cas où deux jumeaux monozygotes élevés dans le même milieu familial deviennent l'un criminel et l'autre honnête travailleur : de semblables cas, il en existe beaucoup.

De plus, comment tenir pour vraiment responsable un simple produit du jeu mécanique des causes et des effets ? Il est absurde de croire que les déterminismes objectifs font immanquablement de chaque être humain ce qu'il est et rien d'autre. Il y a là, bien sûr, des influences, mais l'être humain est, par sa raison et sa conscience, en mesure de décider de ses actes et conséquemment de les assumer. Non seulement choisit-il, mais il est capable, même sans être un héros, d'un altruisme, d'une générosité et d'un sens du devoir qui témoignent de sa spiritualité. Malgré un fond animal qui le porte fréquemment à des comportements égoïstes, l'être humain, quand on l'encourage à exprimer ce qu'il a de meilleur et non ce qu'il a de plus bas, manifeste radicalement son humanité et frise parfois la sainteté: comme je le disais tout à l'heure, une Mère Teresa ou un Schindler en sont pour moi de beaux et respectables exemples.

Faire retomber hors de nous tout le blâme pour nos erreurs n'est le plus souvent qu'une grossière tactique d'avocat («mesdames et messieurs les jurés, le véritable coupable n'est pas mon malheureux client, c'est plutôt sa famille, la société, l'hérédité, les médias, les gangs de rue de son quartier, etc.»), tactique dont personne n'est dupe. Dès qu'il accepte de faire preuve de maturité et de sincérité, le coupable s'avoue presque toujours que ce ne sont là que de fausses excuses. Au moment même où il écoute avec satisfaction le plaidoyer de son défenseur, il sait bien, dans son for intérieur, que sa part de responsabilité était au contraire tout à fait indiscutable: s'il l'avait vraiment voulu, ce qui était en son pouvoir, il aurait réellement pu préférer des gestes entièrement différents, mais il a *choisi* une autre voie, celle du crime.

Marie-Ève: Tu vas sans doute être surprise, mais je crois que le type de conception déterministe que je défends n'exclut pas une certaine affirmation de la responsabilité ni une forme bien définie de liberté. Pour ma part, j'appelle «libre» une action qui vient de moi sans contrainte étrangère. Être libre, c'est faire ce que l'on veut selon ce que l'on est (c'est-à-dire en fonction de notre personnalité et de nos buts propres), sans coercition ou astreinte extérieure inhabituelle ni diminution anormale de nos facultés. Un être humain adulte est libre lorsqu'il est lui-même.

Si je frappe mon voisin de ma propre initiative, et non par suite d'un chantage pressant exercé sur moi ou d'un accès de démence, il est parfaitement normal que je sois tenue socialement responsable de cet acte qui est le mien, puisque j'ai agi «librement». Mais la question de savoir si j'avais en moi une sorte de puissance quasi surnaturelle, baptisée «libre arbitre», me permettant de faire abstraction de ce que je suis et de vouloir autre chose que ce que je voulais, me paraît une question insensée. Étant celle que j'étais, voulant ce que je voulais, sans contrainte étrangère et en possession normale de mes facultés, j'ai librement accompli un geste dont je peux par conséquent être légitimement considérée comme responsable.

La signification que j'attribue ainsi aux mots «libre» et «responsable», c'est celle que le sens commun et les tribunaux lui accordent — pas celle que tu voudrais leur donner en conférant aux êtres humains quelque mystérieux pouvoir spirituel échappant à toute forme d'explication naturelle, le «libre arbitre absolu du Sujet transcendant» ou je ne sais quoi de semblable. C'est cette notion-là dont je soutiens qu'elle est un mythe, et non la liberté entendue au sens courant du mot, liberté que je suis tout à fait prête à reconnaître. Mais pour admettre cette simple faculté de choix volontaire, il n'est absolument pas nécessaire de croire à une double nature, physique et spirituelle, de l'être humain.

Claudia: Ce qui me frappe, c'est que tu as tendance à raisonner toujours «en troisième personne», comme si tu étais une observatrice extraterrestre étudiant l'espèce humaine du dehors. Cette posture faussement objectiviste ignore ce que nous apprend notre vie intérieure, elle gomme l'originalité patente et irréductible de l'être humain et sa quête constante de l'idéal, dont on ne trouve aucun exemple dans la nature. Tu perds ainsi de vue l'essentiel.

D'après moi, le véritable enjeu de toute cette discussion trop théorique sur ce que nous sommes, c'est finalement de jauger ce que nous pouvons espérer de nous-mêmes. De quoi sommes-nous capables? Cette interrogation philosophique est à mon avis la plus fondamentale que nous puissions formuler à notre sujet. Chacun de nous, un jour ou l'autre, la vit à la première personne de manière intime et urgente: «Qui voudrais-je devenir? Que puis-je faire?» Ce sont là des questions existentielles et spirituelles, non pas des problèmes de biologie ou de neurologie. Tant mieux si un chimpanzé pouvait, si peu que ce soit, y avoir accès lui aussi — ce que rien n'indique. En réifiant ou chosifiant comme tu le fais la personne humaine, je crains vraiment que tu ne mettes en péril l'autonomie subjective, qui est ce que nous avons de plus distinctif, de plus précieux et de plus fragile.

Marie-Ève : N'imagine pas que je sois insensible à cette inquiétude. Je crois comme toi que chaque être humain a vocation à
devenir sujet de son histoire et acteur véritable de sa propre vie.
Je veux moi aussi le bien des humains, et il ne me viendrait pas
à l'idée de nier que le meilleur de nous-mêmes réside dans nos
projets d'épanouissement et nos intentions émancipatrices. Mais
c'est plus difficile que tu ne le crois.

Tu défends notre double nature au nom d'une volonté
d'assurer un fondement à notre dignité supérieure parmi les
vivants et tu espères que cela nous protégera. Eh bien, observe
donc l'histoire : elle montre que nous sommes en fait capables
du meilleur *et du pire*. Je voudrais éviter le pire alors que tu
sembles fascinée par le meilleur. Comme s'il suffisait de se croire
dignes pour l'être, tu fermes pudiquement les yeux sur la barbarie humaine, elle aussi inégalée dans la nature. Jusqu'à
présent, conviens que notre « dignité supérieure » n'a pas réussi
à juguler notre potentiel d'autodestruction. Nous sommes
notre pire ennemi et, pourtant, tu ne sembles pas chercher à
comprendre comment cela se fait.

À mon avis, on sous-estime les dangers d'une représentation
trop angélique de l'être humain, avec ses exigences démesurées
et inatteignables : modèles de sainteté et d'héroïsme surhumain,
répression de la sexualité qui nie le caractère proprement
humain de l'érotisme, surestimation de la sublimation, attentes
irréalistes devant l'amour, etc. De telles exigences méconnaissent
gravement nos besoins fondamentaux, qui sont physiques,
psychiques, sociaux, culturels, et non pas immatériels ni surna-
turels. Finalement, elles accordent trop peu d'importance à notre
bonheur. Ne tenant compte ni des tendances naturelles qui nous
animent, ni des difficultés extérieures auxquelles nous faisons
face pour satisfaire nos besoins, elles nient tout bonnement la
nature humaine. Quand on refuse une réalité, on s'expose à ce
qu'elle se venge, et c'est ainsi que « qui veut faire l'ange fait la
bête », comme le dit une phrase célèbre — si profonde et si vraie
qu'elle revêt l'évidence d'un proverbe !

Je reformulerais donc la question comme ceci : que pouvons-nous attendre de nous-mêmes, *compte tenu* de ce que nous sommes ? À méconnaître notre naturalité fondamentale, nous avons trop souvent déchaîné la bête immonde tapie en nous, d'ailleurs d'autant plus malfaisante que nous sommes intelligents. Si nous voulons un jour parvenir à faire preuve d'humanité, nous ferions bien de mesurer lucidement les menaces qu'elle représente.

Claudia : Tu sais, sans vouloir conclure cet échange par une réconciliation artificielle, je n'irais quand même pas jusqu'à nier que nous puissions l'une et l'autre nous efforcer d'être de véritables humanistes, chacune à notre manière et malgré nos oppositions. Après tout, ça ne nous a pas empêchées non plus d'être de grandes amies.

Marie-Ève : Les meilleures amies que je connaisse !

V

Les valeurs sont-elles relatives?

Sur le relativisme moral
(Un échange de e-mails)

Ma chère Solange,

Je ne comprends vraiment pas comment tu oses aller dans un pays musulman dans le but d'y faire la promotion de l'égalité de la femme ! On dirait que tu ne te rends pas compte que les valeurs, les traditions, les mœurs, les us et coutumes, le droit, les modèles de comportement, etc., sont quelque chose de relatif à chaque société !

Imagines-tu que les tiens sont supérieurs à ceux des pays islamiques ? Ne pourrais-tu pas te montrer plus tolérante ? Au nom de quels critères vas-tu juger que c'est mieux de considérer l'homme et la femme comme semblables et égaux en tout (ainsi que prétendent le faire les cultures occidentales actuelles), plutôt que de les concevoir comme différents, complémentaires et donc inégaux sur certains plans (beaucoup de sociétés, y compris la nôtre d'ailleurs, l'ont fait durant des millénaires) ?

Comprends-moi bien, ce n'est pas la question des droits des femmes qui me préoccupe principalement. Si tu allais plaider contre la peine de mort dans une société qui y a toujours eu recours et qui continue d'y croire en vertu de ses valeurs établies, je serais aussi surpris et scandalisé.

Ton ami,
Maxime

Salut Maxime,

Franchement, ta réaction m'a beaucoup étonnée! Dans mon esprit, la tolérance suppose au contraire que nous soyons ouverts à discuter les uns avec les autres, et non pas que nous acceptions, les yeux fermés, tout et n'importe quoi.

Je sais aussi bien que toi qu'on peut observer dans l'histoire une grande diversité de modes de vie et de systèmes de croyances, mais on ne devrait certainement pas conclure, de cette simple constatation, que tous les points de vue se valent sous prétexte qu'ils existent. Ainsi, des gens croient que la Terre est plate, d'autres qu'elle est ronde: en déduis-tu que la Terre est à la fois plate et ronde, ou aussi plate que ronde, ou indifféremment plate ou ronde, ou bien encore réellement plate pour les uns et réellement ronde pour les autres? Je pense que ça ne tiendrait pas debout.

L'être humain est doté d'une certaine intelligence et il est naturel pour lui de s'en servir du mieux qu'il peut. Or, l'un des principes les mieux établis de la pensée rationnelle, c'est celui dit de «non-contradiction»: *une même chose ne peut pas être, en même temps et du même point de vue, vraie et fausse*. Oh, ça ne veut pas dire qu'en pratique nous allons facilement tomber tous d'accord, au moment présent, pour décider si telle conviction particulière *est* vraie ou fausse. Mais ça signifie que nous pouvons avoir confiance en l'existence d'une bonne réponse à la question de savoir si une affirmation est valide ou non, et c'est cette conviction qui nous motive à réfléchir, à débattre et à discuter pour essayer de trouver la meilleure solution possible.

Eh bien, je ne fais qu'appliquer ce principe élémentaire au domaine de la morale. Soit «La femme et l'homme sont égaux en dignité et en droit», soit «La femme et l'homme ne sont pas égaux en dignité et en droit» (si tu préfères, remplace par «La peine de mort est légitime» et «La peine de mort n'est pas légitime»): je ne vois vraiment pas comment tu pourrais croire que ces deux propositions seraient *aussi valables* l'une que l'autre, au point qu'il faudrait s'interdire d'en discuter lorsqu'on rencontre une personne ou une culture qui pense différemment de nous !

Amitiés,
Solange

Chère Solange,

Tu ne m'as pas convaincu. À mon avis, ton principe de non-contradiction s'applique peut-être dans le domaine des connaissances, mais pas dans celui des valeurs.

Je reconnais assez facilement que celui qui penserait que la Terre est plate et celui qui croirait qu'elle est ronde ne pourraient pas avoir raison tous les deux à la fois, pour l'excellent motif que la Terre existe matériellement et qu'un objet réel ne saurait apparemment pas posséder deux propriétés contraires. On peut donc dire sans hésiter : « Pour X, la Terre est plate, pour Y, elle est ronde, *en réalité* elle est… » Mais une *valeur morale* n'est pas, me semble-t-il, un objet : c'est plutôt un choix ou une préférence, qui exprime l'estimation subjective d'un individu ou d'un groupe humain face à une option d'appréciation. On ne peut donc pas affirmer de manière sensée « Pour moi, la peine de mort est bonne, pour toi elle est mauvaise, *en réalité* elle est… » — tout simplement parce que « bon » et « mauvais » ne sont pas des propriétés objectives mais seulement des évaluations subjectives et que, par conséquent, l'expression « en réalité… » ne veut rien dire ici.

C'est pourquoi il me semble qu'on ne peut pas soumettre, sans autre forme de procès, des jugements de valeur au principe de non-contradiction. Alors qu'une vérité factuelle *est ce qu'elle est* de manière objective, que nous le sachions ou pas, un jugement de valeur est uniquement ce que nous décidons qu'il soit, librement et subjectivement, rien de plus.

À moins que tu ne croies à un Sujet suprême, Dieu, qui aurait l'autorité ultime pour trancher. Car si tu me disais : « Ce que Dieu juge bon est bon et ce que Dieu juge mauvais est mauvais », je ne serais pas d'accord parce que je ne crois pas en

Dieu mais, au moins, je comprendrais ce que tu dis. Par contre, lorsque tu fais comme si une culture pouvait *avoir tort* dans ses jugements moraux, je ne te suis plus du tout.

À mes yeux, aucun système de valeurs ne peut être humainement estimé supérieur aux autres. La question : « Certaines valeurs sont-elles, *en elles-mêmes*, meilleures ou supérieures à d'autres ? » m'apparaît comme *dénuée de sens*, parce que *tous* les systèmes de valeurs, par nature ou par définition, dépendent inévitablement des cultures, des époques, du contexte historique ou religieux, des options individuelles et sociales, etc. *Par principe*, aucun système de valeurs n'a davantage de « valeur » ou de « validité » qu'aucun autre.

Non seulement les systèmes de valeurs sont-ils indissociables d'une origine et de toute une série de conditionnements (social, culturel, psychologique, etc.), mais ils n'ont pas d'objet extérieur : à mon avis, on ne peut pas trouver, pas même grâce au débat rationnel (lui aussi situé, conditionné, et pas accepté par tous, d'ailleurs, mais passons), un *point de vue de Sirius* nous permettant d'établir l'objectivité, l'universalité, la vérité, la validité intrinsèque ou le caractère absolu de quelque système de valeurs que ce soit. Dans le domaine des valeurs morales, tout est affaire de tradition, de commodité, de force, d'opinion, d'utilité, de préférences, de choix, de culture, et rien de plus. La « Morale » (« en soi » ou « objective ») n'existe pas, seulement des mœurs et des croyances éthiques, enracinées dans le terreau d'un peuple, d'une histoire, d'une religion, d'une société.

Bref, pour moi, en matière de jugements moraux, tout est relatif en ce sens bien précis qu'il ne peut y avoir aucune certitude absolue. Il n'est pas possible d'atteindre des normes ou des principes objectivement universels, qui seraient vrais pour tous les êtres, à toutes les époques et en tous lieux. Chaque culture possède son propre code moral ; ce que ce code juge bon ou mauvais *est* bon ou mauvais dans la société correspondante. En l'absence de toute autorité supérieure, les systèmes moraux des diverses sociétés sont aussi légitimes les uns que les autres.

L'affirmation de valeurs absolues ou objectives (meilleures ou supérieures à d'autres) ne serait concevable que du point de vue de Dieu ou en référence, par des humains, à une forme quel-conque de transcendance qui s'en porterait garante. Selon moi, la « Morale » n'existe, comme réflexion critique sur les valeurs, que pour ceux qui croient en un hypothétique « tribunal de la Raison », avec ses grands principes abstraits d'universalité, d'objectivité et de réciprocité, qui serait l'instance décisionnelle. Pour tous les autres, dont je suis, que cette « Raison » divinisée laisse sceptiques, la morale désigne seulement l'ensemble des règles et des normes comportementales auxquelles on doit se soumettre, dans une culture donnée, pour être réputé bien agir.

Voilà pourquoi la question de savoir si « certaines valeurs sont meilleures ou supérieures *en elles-mêmes* » n'a pas de sens. Un jugement d'évaluation, contrairement à un jugement de préférence qui n'exprime que des goûts, supposerait pour devenir « objectif » des critères qui le soient eux-mêmes. Et c'est là que tout se joue : quels critères sont les plus appropriés ? Voilà le problème. En pratique, ces critères relèveront d'une concep-tion particulière de l'être humain, du projet de vie censé lui convenir le mieux et, corrélativement, d'une certaine idée du bonheur. Les valeurs jugées « supérieures » ne le seront qu'en tant que moyens appropriés pour la réalisation de ce projet. Or, de tels critères sont changeants, incertains, en tout cas sûrement pas universels. Certains sont contradictoires, d'autres sont complémentaires : mais même parmi ces derniers, quelle hiérarchie va prévaloir ? Nous sommes manifestement enfermés dans un cercle ou une régression à l'infini.

Au sujet de la peine de mort, par exemple, on ne peut pas trancher dans l'absolu. Il y a au cœur de ce débat une conception de la justice, une conception des prérogatives de l'État (de son droit à agir en contradiction avec ce qu'il impose à ses citoyens), une réflexion sur l'efficacité de la chose, etc. Absolutiser la valeur « Vie » signifierait qu'on ne devrait jamais recourir à la mort ou au meurtre pour résoudre quelque autre difficile problème. Je regrette mais, personnellement, je crois qu'on a moralement le droit de tuer dans certaines circonstances. Par ailleurs, l'usage qu'on fera de la mise à mort différera considérablement selon la valeur accordée à la vie individuelle. Je ne vois pas comment je pourrais établir une preuve quelconque du fait que les pays qui sont attachés à la peine de mort seraient moins «moraux» que les nations abolitionnistes.

En outre, je pense que tout jugement éthique devrait toujours s'entendre *relativement au contexte et aux conséquences*, et non pas de manière universelle ou inconditionnelle. Ne pas tuer peut être considéré comme bien dans certaines circonstances, et comme mal dans d'autres. La monogamie est peut-être la meilleure option dans nos sociétés, alors que la polygamie est préférable pour d'autres. Et la liste pourrait continuer : mentir, avorter, etc. Je ne parviens pas à échapper à cette conclusion : aucune morale n'a rien d'absolu.

Toute autre approche me semble ne pouvoir être que dogmatique et virtuellement totalitaire. Celui qui se croirait en possession des valeurs supérieures, des «vraies valeurs», risque de se sentir autorisé à les imposer par la force à tous ceux qui «errent»! Mon relativisme me paraît le meilleur garant de la tolérance, dont nous avons bien besoin…

Je t'embrasse,
Maxime

Salut Maxime,

J'ai beaucoup de mal à te suivre. Tu fais comme si les prescriptions morales n'étaient que des opinions subjectives reposant sur des sentiments personnels ou collectifs, mais il me paraît clair que ce n'est pas le cas. Certes, je t'accorde volontiers que les valeurs ne sont pas des choses. Mais ça n'implique pas que le discours éthique ne corresponde pas à une certaine forme de réalité objective. Pour moi, il est suffisant de songer à la douleur, qui est malheureusement très réelle, pour comprendre que les jugements moraux ont un fondement objectif. Les humains, étant des êtres vivants, cherchent naturellement à éviter la souffrance. Étant en outre intelligents et capables d'action réfléchie, ils peuvent se mettre à la place des autres et décider consciemment quel comportement adopter.

Eh bien, ça leur a peut-être pris quelques millénaires de réflexion, mais ils en sont arrivés, partout, dans toutes les grandes civilisations, à formuler une prescription morale commune qui me paraît *tout à fait objective* et absolument pas « relative », comme tu le dis : « Ne fais pas à autrui ce que tu ne voudrais pas qu'on te fasse si tu étais à sa place dans des circonstances semblables. » On appelle ça la Règle d'or. C'est là un jugement de valeur moral, probablement *le* jugement de valeur moral par excellence et le fondement de tous les autres, à savoir que « l'altruisme est moralement meilleur que l'égoïsme ».

Pourtant, tu vois, je suis prête à soutenir que ce n'est absolument *pas* une simple opinion subjective variant au gré des sentiments individuels ou des habitudes collectives. Et je n'ai aucun doute que celui qui dirait : « Non, moi, je préfère tuer, voler, violer, mentir, torturer et humilier les autres » n'exprimerait *pas* un simple goût différent, aussi légitime et respectable. Que la vie humaine soit *objectivement meilleure* lorsqu'elle se guide sur la première prescription plutôt que sur la seconde, c'est là *un fait d'expérience* — car il existe une expérience morale, aussi concrète et pragmatique que l'expérience scientifique, bien qu'elle en diffère à plusieurs égards.

Remarque également que si, pour justifier ton relativisme, tu as pu invoquer la diversité des coutumes, je peux tout autant souligner l'universalité de la réaction de fuite face à la souffrance, et même l'universalité de la Règle d'or, qu'il est très frappant de retrouver, sous diverses variantes de formulation, dans les principales religions de l'humanité ! Donc, pour moi, il est parfaitement erroné de prétendre comme tu le fais que, en matière de morale, tout serait « relatif ».

La vérité, me semble-t-il, c'est que les prescriptions de conduites qui constituent la morale sont étroitement rattachées aux besoins des êtres humains en général, et que tous les êtres humains ont en commun divers besoins fondamentaux et universels. C'est là une base objective qui me paraît suffisante pour nous amener à examiner avec attention l'hypothèse que les jugements moraux soient dotés d'une certaine objectivité et ne soient pas « relatifs ».

Maintenant, je voudrais essayer de répondre à un autre de tes arguments, qui selon moi ne fait que brouiller un peu plus les cartes. En effet, subitement, tu changes de sujet et, en jouant sur le sens des mots *absolu* et *relatif*, tu ajoutes au sujet de la peine de mort: « On ne peut absolument pas trancher dans l'absolu »… Selon toi, une réponse concernant la peine de mort ne peut pas être « absolue », puisque ça dépend des circonstances, on ne peut pas décréter une fois pour toutes et universellement qu'il faut toujours respecter la vie quoi qu'il arrive, on peut parfois tuer au nom de la légitime défense, etc. Donc, suggères-tu, toute réponse à la question de la peine de mort ne peut être que « relative ».

C'est là un autre sens de *relatif* qui n'a plus qu'un rapport indirect avec le problème philosophique du relativisme tel que nous l'avons envisagé jusqu'ici! Le relativisme est une doctrine de type foncièrement épistémologique, qui soutient qu'en matière morale aucune réponse n'est « la bonne » parce qu'il n'existe aucun fondement ou critère universels et absolus. Mais on peut parfaitement être antirelativiste tout en admettant que telle ou telle question morale est complexe, multiforme, contextuelle. Ainsi, il est bien évident qu'une doctrine concernant le respect de la vie doit articuler diverses solutions concernant l'avortement, la légitime défense, la guerre, le droit au suicide, l'euthanasie, la peine de mort en droit pénal, etc.

Certes, un *rigoriste* moral, ce qu'on pourrait appeler aussi un *puriste* ou un *absolutiste* moral, affirmerait peut-être: « Il ne faut *absolument jamais* mentir (ou avorter, ou tuer, ou être polygame, etc.). » Mais l'immense majorité des moralistes de toute obédience se montrent cependant infiniment plus nuancés et prudents. Ils disent plutôt: «Il ne faut pas mentir (avorter, tuer, être polygame) sauf dans des situations où certaines valeurs, encore plus importantes (que la véracité et la sincérité, etc.) seraient davantage compromises si l'on disait la vérité (etc.) que si l'on mentait (etc.), compte tenu des circonstances et des conséquences. »

Devrait-on appeler ça aussi une forme de «relativisme» moral ? Pourquoi pas — on peut étiqueter ce qu'on veut comme on veut, pourvu qu'on le dise —, mais, à mon avis, nous sommes loin du relativisme au sens fort, puisque je suis parfaitement disposée à intégrer ce type de considérations avec la conception objective et universelle des jugements moraux qui est la mienne. Je n'ai aucune réticence à reconnaître qu'une action donnée puisse être *réellement et objectivement* bonne dans certaines conditions et *réellement et objectivement* mauvaise dans un autre contexte où les faits et les conséquences seraient sensiblement modifiés, et je crois qu'idéalement une réflexion rationnelle pourrait nous en convaincre *universellement*. Le mari infidèle qui ment à son épouse après avoir fait l'amour avec une autre femme et l'Allemand qui ment à la Gestapo en 1942 pour protéger la famille juive qu'il cache dans son grenier représentent évidemment, dans la perspective qui est la mienne, deux situations morales *objectivement différentes*.

Je comprends sans peine que, de ton point de vue, mettre l'accent sur cette dimension «relative» de la plupart des jugements moraux ait pu t'apparaître comme un bon argument à ajouter dans ton raisonnement. Mais de mon côté, il est normal que j'insiste au contraire pour bien distinguer les choses, séparer les problèmes et limiter la portée de ce genre de remarques. En effet, en dernière analyse, cette forme particulière de «relativité» est tout à fait compatible avec mon «objectivisme moral».

Être antirelativiste comme je le suis, ce n'est *pas* croire qu'il existerait une réponse simple, abstraite, inconditionnelle et absolue à des problèmes compliqués ou «relatifs à» des circonstances profondément opposées! C'est seulement croire qu'à toute question morale suffisamment précise et bien posée il doit par principe exister une réponse rationnellement mieux fondée et humainement plus légitime que les autres. Ce que tu disais sur la peine de mort n'a aucune portée contre ce type de conviction-là. Au contraire, en un sens, puisqu'en soulignant la complexité des problèmes rattachés au respect de la vie tu ouvres la porte à l'idée que, si on en discutait suffisamment, avec un souci élevé de rationalité et de justification éthique élaborée, on pourrait peut-être escompter, du moins en principe, en arriver à un consensus fondé. C'est exactement ce que pense une anti-relativiste comme moi. Admettre que de nombreux jugements moraux puissent être étroitement dépendants des circonstances ne signifie absolument pas qu'ils soient purement *conventionnels*.

Pour finir, j'aimerais te poser une question. À ma connaissance, tu crois personnellement que l'esclavage est une pratique moralement répréhensible. Comment fais-tu pour tenir à cette opinion, si tu juges par ailleurs que, pour d'autres, le point de vue contraire est également légitime ?

Ton amie,
Solange

Bonjour,

J'ai bien reçu ta question. Tu as raison, je pense que l'escla-vage est une mauvaise chose. Je ne vois pas pourquoi, me connaissant, tu me demandes ça… Ou plutôt, j'ai bien compris que ce que tu aimerais savoir, c'est autre chose : comment je fais pour y croire tout en estimant que, si une autre société considère l'esclavage comme acceptable, son point de vue n'est pas moins valide pour elle que le mien peut l'être dans notre tradition.

En fait, si tu es honnête, tu vas reconnaître que tu détiens déjà la réponse : je vis dans une culture démocratique et moderne, pour laquelle l'égalité entre tous les humains est un principe fondamental, et je partage ces valeurs. Bref, étant un Occidental moyen, je désapprouve l'esclavage. Mais je peux comprendre que ce critère ultime de l'égalité n'est au fond qu'un postulat indémontrable et, par conséquent, je peux aussi admettre qu'une autre conception de la vie, reposant sur le principe de l'inégalité naturelle entre les humains, ne soit pas moins cohérente, raisonnable et légitime.

Encore une fois, je ne vois pas en quoi tu pourrais me reprocher cette tolérance.

Maintenant, je voudrais également te dire quelques mots au sujet des soi-disant principes moraux universels auxquels tu sembles attacher tant d'importance. J'ai bien peur que leur extrême généralité et leur abstraction n'en limite irrémédiablement la portée. « Toute douleur est un mal » ; « Ne fais pas de tort aux autres » ; « Contribue dans la mesure de tes possibilités au bien-être de tous » ; « Aide ton prochain lorsqu'il est dans le besoin » ; « Respecte la dignité et l'autonomie de toute personne humaine » ; « Efforce-toi d'être juste ou impartial et de rendre à chacun ce qui lui est dû » ; « Ne transgresse pas les lois » ; « Quand vient le temps de savoir ce qui est bon ou mauvais, n'oublie pas de te mettre à la place d'autrui » — bref : « Fais le bien et évite le mal » — de telles maximes sont peut-être « universelles », du moins dans une certaine mesure.

Mais cette universalité n'est-elle pas directement proportionnelle à leur imprécision ? La morale ne commence-t-elle pas à devenir *beaucoup moins universelle* dès qu'il est question de règles d'applications plus précises et concrètes ? Et ces règles dérivées ne sont-elles pas ce qui, en dernière analyse, constitue la vraie et unique substance de tout code moral particulier ? À ce niveau, le seul qui compte en pratique, tu sais aussi bien que moi qu'un accord entre les peuples, les traditions et les cultures se révèle le plus souvent artificiel ou impossible.

Tout en acceptant de tels « grands principes », l'un en arrive à la monogamie, l'autre à la polygamie ; l'un à la peine de mort, l'autre à son abolition ; l'un à l'avortement libre et gratuit, l'autre à la condamnation de l'avortement comme meurtre ; l'un à la démocratie, l'autre à la théocratie ; l'un au capitalisme, l'autre au socialisme, etc. Mon relativisme, qui résulte de ce

constat, ne risque donc guère d'être ébranlé par le simple énoncé
de quelques-uns de ces « principes universels », sans doute admi-
rables et nécessaires, mais finalement bien peu déterminants
dans la formulation d'un code de vie détaillé et applicable.

Je t'embrasse,
Maxime

Mon cher Maxime,

Je suis décidément incapable de te suivre. J'ai l'impression
que tu essaies de dire à la fois « Il est vrai que l'esclavage est une
mauvaise chose » et « Il n'est pas vrai que l'esclavage soit une
mauvaise chose ». Envisagé sous cet angle, ton raisonnement
paraît manifestement absurde du simple point de vue logique,
puisqu'il aboutit à une contradiction.

En fait, je ne parviens tout bonnement pas à voir comment
tu pourrais prétendre que tu *crois* véritablement que l'esclavage
est une mauvaise chose. Pour moi, *croire* que l'esclavage est une
mauvaise chose, c'est croire que la proposition « L'esclavage est
une mauvaise chose » est *vraie*! Et si l'on croit que cette proposition est vraie, on croit automatiquement et forcément que
l'inverse (« L'esclavage n'est pas une mauvaise chose ») est *faux*.
J'ai bien peur que tes deux prises de position, l'une contre
l'esclavage, l'autre en faveur du relativisme moral, ne t'enfer-
ment dans une intenable dualité dont les deux branches se
détruisent mutuellement.

Ce n'est pas tout. Tout ce que tu dis suppose que les sociétés
et les cultures sont closes et unanimes, ce qui est tout à fait faux.
Dans la plus esclavagiste des sociétés, il y aurait certainement
quelques esclaves qui ne croient pas à leur propre infériorité
et qui rêvent d'un monde meilleur où l'esclavage aurait disparu.
Et autour de nous, il existe probablement quelques Occidentaux, cultivés mais endoctrinés par le fascisme, qui croient à
l'existence de « races inférieures » et souhaiteraient un retour à
l'esclavagisme. Si une même société peut ainsi être déchirée
entre des options morales opposées — parmi tes exemples,

pense à l'avortement, ou à la peine de mort, et tu verras que c'est effectivement le cas —, alors quelle solution nous reste-t-il ? Ou nous admettons qu'il doit bien exister une option objectivement plus morale que son contraire, et nous abandonnons le relativisme que tu as tenté jusqu'ici de soutenir, ou nous sombrons dans un subjectivisme intégral, pour lequel chacun a sa propre « morale » aussi valable que celle des autres, ce qui reviendrait à dire que la morale n'existe plus et que tout le monde a raison, le pro- et l'anti-esclavagisme, le pro- et l'anti-avortement, le pro- et l'anti-peine de mort, ce qui confine au chaos et à la folie pure…

À moins d'admettre que, dans chaque société, ce soit la majorité qui ait raison. Mais à ce compte, pourquoi ne pas se ranger au même artifice à l'échelle planétaire : s'il y a davantage de sociétés égalitaires que de sociétés inégalitaires, l'égalité a gagné à la majorité ! Seulement, ça ne réglerait rien non plus. Hier, il y avait une majorité de sociétés inégalitaires, aujourd'hui il y a une majorité de sociétés égalitaires, donc le principe moral de l'inégalité était vrai hier et faux aujourd'hui. Il ne nous resterait plus qu'à compter aussi la durée pendant laquelle chaque position a dominé et à déclarer légitime celle qui ferait preuve d'une plus grande longévité !

Comme pour couronner le tout, on dirait que tu accordes une valeur privilégiée à la tolérance, puisque tu la présentes comme un mérite particulier de tes positions relativistes. Mais de ton propre point de vue, il ne devrait pas être possible de savoir si la tolérance est ou non préférable à l'intolérance, puisque tout est relatif en matière morale ! Tu n'as pas l'impression que quelque chose ne va pas ?

Avec mon amitié quand même,
Solange

Bonjour !

Tu sais, il y a une part de vérité dans ce que tu m'écris, et je suis prêt depuis le début à le reconnaître. Cependant, tu te facilites trop les choses en faisant comme si mon relativisme était à ce point extrême et aveugle qu'il pourrait conduire à une société où tout le monde s'entretue.

Au contraire, je conviens avec toi qu'il existe en effet une certaine forme de « base objective » à toute moralité, à savoir le besoin de toute communauté humaine d'éviter le chaos, de résoudre les conflits et d'assurer un degré suffisant de consensus parmi ses membres. Sans en être sûr, je n'exclurais pas non plus qu'il puisse y avoir également une seconde « base universelle » de la moralité, en ce sens que la nature humaine comporterait probablement des tendances innées à fuir la souffrance et à rechercher la sécurité, ainsi que divers sentiments spontanés de répulsion face à certaines actions, comme le meurtre gratuit en série, ou d'approbation devant d'autres comportements, comme l'attachement entre frères et sœurs.

Cela ne prouve cependant ni qu'une morale puisse par elle-même être « vraie » ou « fausse », ni que toutes les morales puissent être réconciliées. Dans n'importe quelle société, on doit s'attendre à trouver un système de règles de conduite. Ces normes visent à réguler les conflits entre groupes ou individus, ainsi qu'à atténuer les tiraillements internes que chacun peut ressentir face à des désirs divergents ou incompatibles. C'est pourquoi aucun système de moralité n'est concevable qui reposerait sur l'encouragement au meurtre, au viol, au mensonge, à la torture, etc. Une telle « moralité » ne serait pas « fausse », simplement elle ne remplirait pas sa fonction sociale et par conséquent ne serait pas viable pratiquement.

Mon relativisme éthique ne m'empêche aucunement de comprendre tout cela. Je reconnais qu'il existe des besoins sociaux contraignants (et même, vraisemblablement, des penchants naturels) qui limitent la diversité des systèmes moraux praticables. Seulement voilà : parmi les systèmes de moralité envisageables, cohérents et efficaces, il demeure d'innombrables contradictions qui sont, selon moi, irréductibles. L'Occident moderne, par exemple, a bâti le sien sur la base des droits individuels et de l'égalité entre les personnes. C'est un système viable — imparfait, sans doute, mais viable. À l'inverse, la plupart des sociétés traditionnelles, comme l'islam, ont plutôt centré les leurs sur l'idée de soumission des individus à la communauté, et ils se sont également révélés viables. Imparfaits eux aussi, mais viables.

Lorsque j'affirme qu'il n'existe aucun critère objectif ni aucune instance supérieure justifiant un jugement de préférence entre deux systèmes moraux, c'est de cela que je parle, et non pas du viol pathologique ni du meurtre en série. Je prétends seulement qu'aucune de ces moralités n'est meilleure que les autres, et c'est pourquoi je ne parviens toujours pas à comprendre de quel droit tu chercherais à convaincre des sociétés musulmanes d'adopter l'égalitarisme qui caractérise ta culture plutôt que la division traditionnelle des rôles qui caractérise la leur.

Avec toute mon affection,
Maxime

Salut Maxime,

Eh bien, au fond, se pourrait-il que nous puissions trouver un terrain d'entente ? Au point où nous en sommes arrivés, il me semble que le principal fossé qui demeure entre nous tient à l'accent mis par toi sur l'identité close des sociétés, des cultures et des civilisations, alors que de mon côté je crois à l'unité profonde du genre humain, de la condition humaine, de la nature humaine — et donc, à terme ou dans un horizon idéal de la réflexion, à l'unité de la morale.

Si tu acceptais d'envisager que la diversité des cultures ne soit pas un absolu à jamais indépassable, je me demande si nos positions seraient encore aussi opposées. Car, après tout, je n'ai pas plaidé pour une morale absolue, « divine » ou transcendante, mais seulement pour un dialogue rationnel et une recherche de valeurs humainement « universelles ». Pourquoi les sociétés seraient-elles condamnées à rester enfermées dans des paradigmes moraux incommensurables et incapables de communiquer entre eux ? Qui nous dit, par exemple, qu'un système moral tenant compte à la fois des valeurs communautaires et des droits individuels soit une éventualité pour toujours impossible ?

Être tolérant est une chose, se résigner à la non-communication en est une autre. Je respecte les valeurs communautaires des sociétés traditionnelles et je suis convaincue que nous-mêmes, Occidentaux d'aujourd'hui, aurions intérêt à davantage en tenir compte. Est-ce une raison pour laisser tomber le principe de l'égale dignité de tous les êtres humains, sans distinction de sexe, de race, de religion, etc. ? Et est-ce une raison pour s'interdire de débattre, de défendre les uns les autres publiquement nos convictions, d'examiner ouvertement, collectivement et avec esprit critique nos raisons pour valoriser ceci ou cela, et de pondérer attentivement les expériences, faits et considérations sur la base desquels nous adhérons à telle ou telle position morale ?

Quand je dis que tout jugement éthique est en principe susceptible d'être trouvé valable ou non valable, ce que je veux dire, c'est ceci : un jugement moral est d'autant plus valide, c'est-à-dire conforme aux besoins, attentes, idéaux et aspirations moraux de l'humanité, qu'il est établi de façon aussi réfléchie et critique que possible, en tenant compte le plus possible des faits et conséquences pertinents, et qu'il est de nature à recueillir l'approbation raisonnable de toute personne aussi désintéressée, ouverte, éclairée, bienveillante et impartiale qu'il est humainement possible de l'être, quelles que soient sa culture ou sa religion. Cet idéal régulateur n'a rien de transcendant. C'est seulement une manière pragmatique de mettre en œuvre les moyens les plus réalistes en vue de réunir un maximum de chances de nous approcher progressivement du Bien, c'est-à-dire de ce qui serait humainement bon, ou humainement le *meilleur*.

Ai-je besoin d'insister sur le fait que sans débat ouvert, sans confrontation des points de vue, sans dialogue raisonnable, sans discussion critique, cet idéal serait inaccessible ? Et ne crois-tu pas que nous devrions nous défier de toute forme de relativisme qui aurait pour conséquence de nous interdire de remettre en cause les convictions morales de telle ou telle culture sous prétexte que « la société » serait l'instance ultime en ces matières ?

Franchement, je crois que cela devrait te suffire pour comprendre les raisons qui m'ont poussée à entreprendre la tournée de conférences qu'un groupe de féministes modérées m'avait invitée à donner en Tunisie, en Égypte et en Indonésie.

Je t'embrasse,
Solange

VI

Sur quoi se fonde la morale?

Le sens du devoir est la base de la morale

Qu'est-ce que la morale? En première approximation, on pourrait dire que c'est l'ensemble des croyances humaines destinées à guider nos actions dans le sens d'un idéal du Bien. En pratique, cela correspond à des questions relativement simples et familières. Placés devant un choix ou une responsabilité, que convient-il de faire si nous voulons agir pour le mieux et éviter le mal? D'ailleurs, en quoi consiste le mal et qu'est-ce qu'une mauvaise action? Comment devrions-nous traiter autrui? Qu'est-ce qui est juste ou injuste? Qu'est-ce qui devrait être permis ou interdit, récompensé ou puni? Sur quelles bases pouvons-nous déterminer les conduites les plus souhaitables? Comment nous y prendre pour justifier que tel système de règles ou de normes mériterait d'être promu et respecté? Qu'est-ce qu'une bonne vie ou une personne vertueuse?

À la moindre réflexion, il apparaît toutefois que de telles questions se révèlent compliquées à résoudre, et il y a eu d'innombrables tentatives pour y parvenir. Certains ont prétendu que chacun devrait poursuivre son intérêt individuel, cultiver ses plaisirs, rechercher son propre bonheur et se guider sur ses préférences personnelles. D'autres ont affirmé qu'il suffisait de se soumettre à l'autorité ultime d'un Être suprême en se conformant aux prescriptions tirées d'une révélation divine et retransmises par les institutions religieuses établies. Beaucoup penseraient plutôt que toute morale n'est jamais qu'une simple tradition sociale et que, pour agir moralement, chacun n'a qu'à se conformer aux codes en vigueur dans la société où il vit. Quelques-uns croient qu'il serait plus judicieux de calculer ou de prévoir, sur une base expérimentale, l'ensemble des conséquences probables de nos actes et d'opérer ensuite nos choix en fonction d'un critère concernant leur résultat, par exemple dans l'optique de contribuer à produire le maximum de bien-être et le minimum de souffrances pour le plus grand nombre de personnes, indépendamment de notre intérêt individuel à court terme.

Chacune de ces approches peut être soutenue au moyen de nombreux arguments, puis critiquée à partir de diverses considérations — et ainsi de suite. Ce genre de discussion occupe les philosophes depuis des siècles et risque de le faire encore longtemps. Je ne m'imagine absolument pas pouvoir ici y mettre fin. Je voudrais simplement proposer et défendre une autre solution, qui m'apparaît meilleure. Pour le faire, je partirai d'une observation de sens commun.

Supposons deux personnes qui, de l'avis de tous, mènent une bonne vie, qui n'ont commis aucune mauvaise action suffisamment sérieuse pour être digne de mention, qui sont serviables, respectueuses, aimantes, généreuses et appréciées de tous, etc. La première déclare à qui veut l'entendre qu'elle est faite comme ça, qu'elle a tout simplement un bon tempérament et un bon cœur, mais que si demain elle avait tout à coup (chose, il est vrai, bien improbable) envie de faire des folies aux dépens de ses semblables, elle se laisserait sûrement aller à suivre, comme elle l'a toujours fait, ses penchants naturels — et la franche bonhomie avec laquelle elle le concède nous inciterait plutôt à la croire. La seconde au contraire reconnaît qu'elle a quelquefois connu la tentation de mal agir, mais qu'elle adhère résolument à des règles de vie qui lui imposent de respecter certaines valeurs morales auxquelles elle croit profondément et qu'elle a la ferme intention, quoi qu'il arrive, de ne jamais déroger à ses principes.

Dirions-nous des deux personnes qu'elles ont eu, au même titre et dans le même sens, une existence *morale*? Tout dépendra de la portée exacte que nous donnerons à la question. Par hypothèse, nous reconnaîtrons sans doute que toutes les deux ont connu, jusqu'à présent, une vie *conforme à la morale*. Nous n'hésiterons guère pour admettre que la première a un excellent naturel et qu'elle est une bonne personne. Mais à la réflexion, je soupçonne que seule la seconde nous paraîtra mériter d'être considérée comme une personne authentiquement *morale en elle-même*, parce qu'elle seule entretient consciemment et volontairement des règles, des principes et des valeurs sur lesquels elle se guide en fonction d'une motivation ou intention spécifiquement éthique, qui est d'*accomplir son devoir* et non pas simplement de suivre sa nature ou de vivre comme bon lui semble.

Si le critère de l'évaluation éthique résidait avant tout dans les résultats ou les conséquences, c'est-à-dire dans la quantité objective de plaisir et de douleur que nos actions contribuent à engendrer autour de nous, nous devrions nécessairement déclarer ces deux personnes moralement égales. Mais cette façon de voir ne rendrait pas compte des sentiments que nous inspirent, si nous suivons le sens commun, leurs deux attitudes. C'est là, me semble-t-il, un indice qui devrait nous inciter à mieux orienter notre réflexion et nous aider à trouver une réponse à notre interrogation du départ. L'une des choses qui différencient l'être humain des animaux, c'est qu'il ne vit pas de manière purement instinctive ou spontanée mais qu'il peut, au contraire, formuler des principes, obéir volontairement à des règles et agir délibérément au service des idéaux qu'il conçoit ainsi. Un être humain digne de ce nom est même prêt à renoncer à de nombreuses jouissances naturelles et à accepter certaines souffrances (voire, comme ce fut le cas pour tant de héros, le sacrifice suprême) pour des valeurs qu'il place consciemment au-dessus de ses intérêts égoïstes, de la satisfaction de ses tendances ou d'un simple calcul de bien-être.

D'après moi, la clé de toute l'affaire se trouve là: une personne normale est dotée d'une *conscience morale* et d'une *raison pratique* qui, convenablement instruites et renforcées par l'expérience accumulée de l'humanité tout entière, se traduisent par l'adhésion individuelle et collective à des *principes moraux* explicites accompagnés d'un fort *sens du devoir*. Pour une telle conscience rationnelle, d'un côté, chaque type d'action se présente comme chargé d'une *valeur* morale inhérente (par exemple, *le mensonge est mauvais*) et, d'un autre côté, il ne fait aucun doute que la plupart du temps, en tant qu'êtres autonomes, lucides, éduqués et responsables, nous ressentions clairement une *obligation* morale de faire le bien et surtout d'éviter le mal (par exemple, *je ne devrais pas mentir*). Affirmer qu'une action est bonne ou mauvaise, ce n'est pas dire simplement qu'elle me plaît, que ses conséquences me semblent désirables ou encore que mon milieu social la favorise, mais bien qu'elle est bonne ou mauvaise en elle-même, objectivement et inconditionnellement. Une action est morale lorsqu'elle est accomplie par devoir, c'est-à-dire dans l'intention délibérée de respecter les principes et les règles qui correspondent à la valeur intrinsèque des actions en cause, et non pas simplement en vue du bonheur individuel ou collectif.

À mes yeux, peut-être rien ne le montrerait-il mieux que l'universalité et la sublime grandeur de la Règle d'or: «Ne fais pas à autrui ce que tu ne voudrais pas qu'on te fasse.» Tout adulte normal *comprend* ce principe éthique, même s'il le néglige ou y contrevient régulièrement en pratique; il en saisit intuitivement la justesse profonde et sait qu'idéalement il devrait tout mettre en œuvre pour s'y conformer, à défaut de quoi il encourt une condamnation morale pleinement justifiée de la part de ses semblables, de sa propre conscience et, s'il existe, de Dieu. Ce genre de loi morale possède une évidence intrinsèque, spécifiquement éthique, irréductible à toute préoccupation d'utilité.

De la même manière, de nombreuses règles telles que le principe de bienveillance ou non-malveillance («Contribue au bien-être d'autrui et évite par-dessus tout de nuire à ton prochain »); le principe d'autonomie (« Respecte la liberté de tous et sache que la tienne doit s'arrêter là où commence celle des autres »); le principe de justice (« À chacun selon son mérite »); ou encore des maximes plus particulières comme « Tu ne tueras pas », « Toute promesse doit être tenue », « Il est bon d'aider son prochain et d'alléger ses souffrances », « On doit toujours dire la vérité », « Le vol est une mauvaise action », « Nul n'a le droit de réduire autrui en esclavage », etc. — de telles règles apparaissent comme moralement contraignantes pour tout esprit raisonnable.

Si tout cela est bien fondé, il existerait donc une vérité éthique, connaissable par l'esprit humain (non sans efforts ni difficultés, peut-être, mais là n'est pas le point essentiel) et dont le sens profond pourrait s'exprimer ainsi : toute action qui avilit, rabaisse ou détruit un être humain dans sa dignité personnelle, que ce soit nous-mêmes ou un autre, est par nature immorale et mauvaise et devrait impérativement être jugée *interdite* ou *condamnable*. Cela, nous le savons *hors de tout doute* en tant que nous possédons une conscience morale et une raison pratique. Ce *savoir éthique* est tel qu'il se traduit, immédiatement et par essence, sous la forme de notre sens du devoir et de notre sentiment intime d'obligation, ainsi que par une injonction pressante à agir le plus possible conformément à la loi morale.

Pour bien le comprendre, imaginons que je sois, par magie, devenu soudainement invisible et invulnérable, non seulement au regard d'autrui et de la société humaine, mais même au regard d'une éventuelle divinité : dans ces conditions, je pourrais par hypothèse *faire n'importe quoi* sans jamais m'exposer *à aucune sanction* découlant de ma responsabilité pour tel ou tel acte — si ce n'est celle de mon propre jugement intérieur. Demandons-nous sérieusement : Que me permettrais-je alors et que m'interdirais-je ? Est-ce que je tuerais, volerais, mentirais, trahirais, exploiterais et violerais à qui mieux mieux dans le seul but de satisfaire le plus possible tous mes désirs les plus égoïstes et de maximiser mon plaisir ? Et à supposer même que dans un premier temps, par suite d'une sorte de vertige de l'impunité, je cède à la tentation de commettre effectivement de telles actions, est-ce qu'après les avoir accomplies je me sentirais longtemps en accord avec ma conscience, heureux, fier de moi et comblé sans réserves par la vie que je mènerais ainsi ?

J'estime que la réponse se révélera évidente pour tout esprit rationnel disposé à examiner la question sous l'angle spécifiquement éthique : si je mérite le qualificatif de sujet libre et raisonnable, si par conséquent je possède le moindre sens moral, et à moins de m'être transformé moi-même en un individu profondément vil et inhumain, indigne et méprisable, je sentirais rapidement, après avoir effectué de tels gestes, la morsure irrémédiable du remords de conscience, car j'aurais gravement dérogé à des *valeurs* d'humanité dont la connaissance claire finirait nécessairement par s'imposer à moi. J'aurais manqué à ce que je saurais intérieurement avoir été *mon devoir* en contrevenant aux règles et aux principes les plus élémentaires et les plus sacrés de l'obligation éthique fondamentale inhérente à mon esprit : « Ne fais pas à autrui ce que tu ne voudrais pas qu'on te fasse ».

Sans doute va-t-on m'objecter qu'une simple expérience de pensée comme celle-ci, étant purement hypothétique, ne prouve pas grand-chose. Elle nous suggère cependant que l'existence d'un sens spécifique de l'*obligation morale* et de la *valeur éthique inhérente à un acte* n'apparaît pas invraisemblable, bien au contraire, et que ni les considérations sociales, policières ou judiciaires, ni le calcul des résultats prévisibles ou observables d'une action sur le bonheur individuel ou social, ne semblent représenter des conditions préalables ou nécessaires à la constitution en nous d'un authentique jugement moral. Elle nous indique plutôt qu'il existe des types d'actions qui sont mauvaises par elles-mêmes, quelles que soient leurs conséquences prochaines, et que la connaissance de cette valeur s'accompagne, chez tout sujet rationnel et autonome, d'un sentiment impérieux de prohibition à l'encontre de tels actes, quoi qu'il arrive. À la question : « Que devrais-je faire et ne pas faire ? », la morale nous répond donc par le respect des devoirs, obligations et interdits que toute conscience morale éclairée reconnaît comme légitimes.

Tout cela est bien beau, nous répliquera-t-on peut-être, mais sur quelles bases peut s'accomplir cette reconnaissance de légitimité ? Sur la double base, d'une part, d'un axiome d'humanité (« La dignité de chaque personne humaine doit être respectée »), qui est en quelque sorte le postulat ultime et intuitivement évident sur lequel repose en dernière analyse toute évaluation éthique, et d'autre part du principe d'universalisation, lui-même constitutif de notre raison logique (« Pour savoir ce qui est bon ou mauvais, il faut se demander ce qui arriverait à la dignité humaine si l'humanité entière se comportait de telle ou telle façon »). Supposons un instant que tout le monde se sente autorisé à tuer, violer, voler, etc. Puis-je rationnellement *vouloir* une telle forme d'humanité ? Puis-je sérieusement *vouloir* vivre dans un tel monde ?

Le sentiment éthique fondamental, celui du devoir, s'appuie donc sur cette double considération de la valeur inhérente à la personne humaine et de l'exigence rationnelle de réciprocité. Il s'agit pour chacun de nous, en accomplissant nos devoirs et en respectant nos obligations, de ne pas se montrer indigne de ce que l'humanité a en elle de plus précieux, ou pour le dire autrement, de réaliser autant que nous en sommes capables le meilleur de notre humanité. Puisque nous savons, par exemple, simplement en exerçant notre sens moral raisonnable, que de ce point de vue le meurtre et le mensonge sont des actions intrinsèquement mauvaises parce qu'incompatibles avec la dignité humaine et le respect de la personne, le problème n'est plus de déterminer si tel meurtre ou tel mensonge pourrait se révéler utile ou avoir des conséquences souhaitables. Être un menteur ou un meurtrier, c'est manquer à notre devoir d'humanité, et cela sans condition. C'est pourquoi il existe des actions bonnes et des actions mauvaises en elles-mêmes, et c'est pourquoi les actions mauvaises doivent absolument être évitées, quels que puissent être leurs effets probables (effets d'ailleurs le plus souvent impossibles à préciser par avance). Cela resterait vrai même si ces effets étaient susceptibles, dans telles ou telles circonstances particulières, d'apparaître à certains égards comme positifs, désirables ou bons.

Bien entendu, l'observation du cours réel de la vie et de l'histoire nous montrerait qu'une autre attitude, de type égoïste, calculateur ou utilitariste, est au moins aussi fréquente que cette attitude morale. Contrairement à cette dernière, elle enseigne plus ou moins que la fin justifie les moyens. Mais si répandue soit-elle, ce qui compte ici, c'est de bien voir qu'il s'agit là d'une croyance foncièrement étrangère au point de vue de l'obligation morale telle que la comprend le sens commun. Pour le voir, on n'a qu'à songer à l'exemple classique du policier qui, devant un viol à fortes connotations raciales dans un milieu social où le racisme est explosif, hésite entre laisser une foule en furie massacrer aveuglément de nombreux innocents et détruire une partie de la ville, et livrer à la vindicte populaire un unique suspect probablement innocent et épargner ainsi toutes ces violences catastrophiques. Ou encore nous demander si un médecin pourrait de temps en temps supprimer un patient pris au hasard pour en sauver immédiatement une demi-douzaine d'autres grâce aux organes sains du premier. Dans de tels cas, le tort causé à une seule personne ne serait-il pas très largement compensé par la somme élevée des bénéfices tangibles répandus sur de nombreuses autres?

Seulement voilà. Si nous admettions ainsi que, dans quelques circonstances extrêmes ou étranges, le fait de tuer un innocent puisse réellement contribuer de façon directe à favoriser grandement le bien-être effectif de nombreuses autres personnes, deviendrait-il pour autant *moral* de tuer un innocent? Il ne fait aucun doute que non. Tuer l'innocent pourrait peut-être apparaître comme ce qu'on appelle «une bonne solution» d'un point de vue strictement utilitaire, mais ce n'en demeurerait pas moins *une mauvaise action*, pour la simple et bonne raison que *tuer un innocent est toujours mal*.

La fin ne justifie jamais les moyens. Pour faire le Bien, il ne s'agit absolument pas de se demander si les résultats proches ou lointains, directs ou indirects, particuliers et cumulatifs de nos actions vont ou non aboutir à une amélioration quantitative du bonheur collectif — chose qui, soit dit au passage, est généralement tout à fait impossible à mesurer en pratique. Il s'agit de remplir nos obligations, d'obéir aux règles dictées à la fois par la conscience morale éclairée de l'humanité tout entière et par notre conscience morale personnelle. Il s'agit d'accomplir notre devoir.

Moralement, nos actions se jugent
à leurs conséquences

Admettons que je me prépare à affronter dans quelques jours une situation dans laquelle je me demande si je ferais mieux de mentir ou de dire la vérité. En fonction de quel genre de considérations devrais-je me décider ?

Après des millénaires de civilisation, la tentation est forte de répliquer : « Décide-toi en tenant compte des règles existantes, en écoutant la voix de ta conscience et en respectant les principes moraux établis. Comme il en découle assez clairement que *le mensonge est une mauvaise action*, ne mens jamais quoi qu'il arrive, un point c'est tout. »

Nous ne chercherons pas ici à mettre en doute le fait que cette attitude puisse être dotée d'une certaine légitimité, ne serait-ce que pédagogique, dans des circonstances où les urgences de l'action ne sauraient tolérer sans dommage les lenteurs et les incertitudes de la réflexion individuelle. Simplement, nous estimons probable qu'à plus longue échéance personne ne pourra réellement se contenter d'une telle réponse. Si un être humain veut sincèrement comprendre les bases de ses choix éthiques, au nom de quoi l'empêcherait-on de poser la question : *pourquoi* le mensonge est-il une mauvaise action ? La solution autoritaire consisterait à couper court à son interrogation en lui imposant une fin de non-recevoir : *c'est comme ça parce que c'est comme ça, la loi est la loi, il faut lui obéir et non la mettre en doute.* Heureusement, il nous semble qu'il existe une autre voie, beaucoup plus naturelle et positive, pour faire avancer la recherche.

En temps normal, toute action ou décision volontaire et réfléchie a un but, vise un résultat et répond à une intention. L'action morale, c'est-à-dire celle qui obéit à des normes conscientes et délibérées, ne devrait pas échapper à cette constatation élémentaire. À partir de là, au lieu de faire comme si les règles de la morale tombaient du ciel, ne serait-il pas possible d'identifier un ou plusieurs objectifs dont la poursuite serait à la fois naturelle, compréhensible et propre à justifier l'existence et le contenu d'un éventuel code moral ?

Posé dans ces termes, le problème a reçu depuis bien longtemps une réponse simple mais forte, dont la validité et la fécondité nous paraissent encore aujourd'hui entières et inattaquables : cet objectif, c'est *éviter la douleur ou la souffrance et favoriser le bien-être de l'humanité.* Cette formulation apparemment innocente nous suggère que le fondement de la morale est *naturel.* En effet, au niveau strictement biologique, tout mammifère possède une aptitude innée à discriminer (et réagir à) des sensations positives ou agréables, qu'il a tendance à rechercher, et des sensations négatives, qui le font souffrir et auxquelles il tente spontanément d'échapper dans la mesure du possible.

On n'insistera jamais trop sur la remarque suivante : nous avons là une donnée objective et universelle, mais qui est d'une nature très particulière, puisqu'elle est *à la fois* factuelle (la douleur est un phénomène naturel qui peut se constater par l'observation, c'est-à-dire qui relève de ce qu'on appelle un *jugement de fait*) et normative (la douleur est mauvaise pour nous et nous désirons généralement l'éviter, ce qui entraîne directement un *jugement de valeur*). Or, on s'est souvent perdu en conjectures sur l'impossibilité de passer de l'un à l'autre, c'est-à-dire de tirer une évaluation d'une constatation — de fonder le devoir-être sur l'être, comme s'expriment les philosophes. La connaissance porte uniquement sur *ce qui est*. D'où nous viendrait donc l'idée de *ce qui doit être*? Ne faut-il pas supposer en l'homme une faculté spéciale, le «sens moral», qui nous révélerait des valeurs? Nous croyons que c'est là un faux problème et qu'il existe au contraire un lien naturel entre l'être et le devoir-être. La dichotomie bien/mal n'est qu'une élaboration culturelle, hautement symbolique et dérivée, mais qui s'enracine dans le fait biologique incontournable de l'évitement de la douleur et de la recherche du bien-être.

Certes, entre le simple niveau animal plaisir/souffrance et les croyances morales très abstraites et savantes de l'homme civilisé d'aujourd'hui, il peut sembler qu'existe un véritable gouffre. En un sens, ce n'est pas faux. Mais l'important, c'est qu'il ne soit pas déraisonnable de supposer malgré tout une continuité profonde entre les deux. Reconstituer toutes les étapes dans la longue chaîne menant de l'un à l'autre ne serait sans doute pas une mince entreprise. Mais certains éléments clés sont aisés à repérer. Par exemple, en plus d'être dotée d'une sensibilité à la douleur et au plaisir, l'espèce humaine est par nature hautement sociale, ce qui implique un certain besoin de coopération, de solidarité, d'entraide et d'harmonie entre membres de tout groupe. De plus, *Homo sapiens* est intelligent, curieux, doué pour la communication et le raisonnement logique, capable d'imagination et de prévision. Sans aller plus loin, prenons tous ces ingrédients et laissons-les mijoter durant quelques centaines de générations. Qu'y a-t-il alors de surprenant à constater que les humains en soient arrivés à la conclusion que, plus chacun donnerait libre cours à ses désirs égoïstes et à son agressivité sans subir de représailles suffisamment dissuasives de la part de ses victimes ou du groupe entier, plus l'existence de tous risquerait de devenir intenable et plus la collectivité serait menacée?

Dans ces conditions, peut-on s'étonner de voir que l'expérience et la logique aient favorisé l'attitude consistant à admettre que le genre de retenue, de réglementation et d'éducation indispensables pour assurer une diminution du malheur commun devait s'appliquer à chacun et être intériorisé par tous, faute de quoi le résultat visé (la diminution des douleurs causées à des humains par d'autres humains) ne pourrait être atteint dans une mesure appréciable. Par exemple, selon ce que j'en sais, j'estime que tous souffriraient dans un monde où chacun se croirait en droit de mentir selon son plaisir ou son intérêt personnel. Non seulement je ne souhaite pas que les autres me mentent, mais je suis conscient que, attendre d'eux qu'ils observent des contraintes bénéfiques pour moi sans être prêt à mon tour à les respecter envers eux, serait une stratégie perdante, contraire autant à mon intérêt qu'au bien commun. Si, en effet, chaque membre d'une société avait le loisir de s'imaginer qu'une telle retenue n'est nécessaire que chez les autres et faisait systématiquement une exception pour son propre cas particulier, il est trop clair que tout système de normes et de contraintes conçu dans l'optique de réduire au minimum les douleurs et les peines serait finalement d'une totale inefficacité.

Admettons ainsi, en ne perdant pas de vue *la double nature factuelle et normative du couple douleur/plaisir*, que l'objectif recherché par toute l'entreprise de la morale humaine soit prioritairement *la diminution et le contrôle des douleurs et des peines que les personnes se causent mutuellement par leurs actions délibérées, conscientes ou volontaires*, et secondairement *la maximisation du bien-être individuel et collectif ainsi que la promotion d'attitudes favorables à cette maximisation*. N'est-il pas clair, alors, que tout le système d'obligations et d'interdits, de permissions et de règles, de codes et de sanctions, de valeurs et de normes qui va en découler repose essentiellement sur une évaluation des *conséquences* résultant des diverses actions ou familles d'actions envisagées? Si un type d'acte est condamné par une doctrine morale, c'est que selon l'expérience et les connaissances des cultures qui ont élaboré cette morale il leur est apparu comme ayant, en général ou globalement, des *effets négatifs*. Réciproquement, si une conduite s'est vue valorisée comme étant bonne, morale ou conforme au Bien, c'est qu'on pensait avoir des raisons valables de croire qu'elle produisait la plupart du temps des *conséquences positives* en contribuant directement ou indirectement au bonheur du plus grand nombre.

Comprenons-nous bien. Cela ne signifie pas que toutes les prescriptions morales ayant existé soient judicieuses ou valides. En effet, que des raisons puissent, dans certains cas particuliers, être mal fondées ou biaisées par des préjugés irrationnels, et qu'une telle évaluation puisse s'avérer, dans tel ou tel autre cas, extraordinairement problématique, cela nous semble évident. Qui s'étonnerait, par exemple, que dans des sociétés complexes comme les nôtres, les *conséquences* positives et négatives de l'acceptation ou du refus de l'avortement, de la peine de mort ou de l'euthanasie soient l'objet de débats inextricables ? Les formes, la quantité, l'étendue, l'intensité, les imbrications mutuelles et la qualité de tous ces ensembles de conséquences positives et négatives sont si compliquées, diverses, vastes et impondérables que l'incertitude à leur égard est relativement naturelle et prévisible.

Mais selon nous, loin de remettre en cause nos analyses précédentes, ce genre de constatation au sujet de nombreux débats éthiques contemporains devrait plutôt les renforcer. Quels sont en effet les principes moraux *les mieux assurés, les plus universels et les plus fondamentaux* (attention, nous ne disons pas « les mieux observés en pratique ») ? D'une part, ceux qui correspondent aux types d'action dont les conséquences négatives quant aux douleurs et aux peines sont *les plus indiscutables et les mieux avérées* : l'assassinat, l'agression, la violence, le vol, la débauche, le viol, la trahison, le non-respect de la parole donnée, l'abus de confiance, le mensonge, la calomnie et la médisance, l'exploitation et la domination des faibles ou des innocents, la lâcheté et la dissimulation, etc. D'autre part, ceux qui concernent la promotion des dispositions personnelles et des attitudes sociales les plus favorables à la mise en œuvre effective des précédents : altruisme, respect des personnes, sens du devoir, obéissance aux règles, prudence, prévoyance, bon jugement, maîtrise de soi, habitudes vertueuses, sens des responsabilités, honnêteté et justice, etc.

Au total, il ne fait guère de doute dans notre esprit que les conduites et les règles d'action considérées comme *bonnes* soient celles dont on (c'est-à-dire la société ou la conception morale considérée) évalue qu'elles sont de nature à nous conduire vers un état de choses où la proportion de bien-être l'emporterait le plus possible sur celle des souffrances et des peines — et inversement pour les actions mauvaises. Encore une fois, que cette évaluation puisse se révéler difficile, incertaine ou problématique n'est pas douteux, bien qu'il ne faille pas non plus exagérer ce genre de problème. Ce qui est clair selon nous, c'est qu'il serait absurde, voire dénué de sens, de prétendre qu'un acte ou un type de comportements puisse être bon ou mauvais *en soi*, indépendamment des faits et sans prendre en considération ses conséquences effectives.

Au fond, ceux qui soutiennent qu'une bonne action est bonne *par nature* et que nous devons l'accomplir simplement *par devoir* ne font que refuser de répondre à l'interrogation «pourquoi?», pourtant bien légitime. Expliquer la maxime «Tu ne mentiras pas» par le principe «On doit respecter la personne humaine», c'est expliquer la morale courante par une morale supérieure — c'est-à-dire repousser le problème, ne rien expliquer du tout et nous laisser en plein mystère. Ces énigmes disparaissent si l'on admet que la source de toute morale réside dans l'évaluation des conséquences sur la base de la dichotomie naturelle entre douleur et bien-être. De ce point de vue, la valeur d'un acte et le sentiment du devoir n'ont plus rien de transcendant ni d'obscur. Au contraire, ils sont explicables et compréhensibles au sens commun. Quoi de plus normal et logique?

Borner la réflexion éthique au respect aveugle du devoir, c'est exiler la morale dans un ciel inaccessible et intangible. La prise en compte des conséquences l'enracine plutôt dans l'expérience de la vie réelle et permet à son sujet la discussion éclairée et raisonnable des êtres humains, qui sont les premiers concernés. Si, par la réflexion ouverte et le débat collectif, nous prenons conscience du fait qu'une règle de conduite existante ne contribue pas au total à diminuer le malheur humain et à promouvoir le bien commun, nous devrions envisager de la modifier et non pas l'idolâtrer sans conditions sous le nom sacré de « devoir moral ». On peut penser que l'idée de « Bien en soi » aboutit à une absurdité et que sacraliser les valeurs ne sert pas l'humanité. De plus, certaines absolutisations courent le risque de manquer gravement à la valeur même qu'elles entendent vénérer. Ainsi, en ce qui concerne l'avortement, on peut, au nom du respect de la vie du fœtus, manquer de respect à l'égard de celle de la mère (et même de l'enfant à naître, auquel la mère serait incapable d'assurer des conditions d'existence propres à favoriser un développement raisonnable). La morale du devoir est, sans le dire, d'origine religieuse : les valeurs y sont traitées comme des absolus et non comme des moyens au service du bonheur humain. Selon nous, aucune valeur ne saurait être ainsi jugée supérieure à l'humanité qu'elle doit servir. Bref, il s'agit pour nous non pas d'absolutiser des valeurs, mais plutôt de mettre au premier plan l'humanité et sa dignité.

C'est pourquoi le respect d'une règle, si noble puisse-t-elle nous apparaître dans ses intentions, ne saurait nous justifier d'agir sans tenir aucun compte des résultats prévisibles de son application, spécialement dans des circonstances exceptionnelles. Même si j'adhère de tout mon cœur et de toute ma raison à l'idée que le mensonge soit un mal, je serais tragiquement irresponsable, sachant en temps utile à quoi m'en tenir, de livrer un innocent à une mort cruelle *en disant la vérité* au criminel furieux qui m'interrogerait dans le but de découvrir où se trouve sa victime désignée ! Dans un autre contexte, imaginons que le médecin m'annonce qu'une personne chère souffre d'un cancer généralisé en phase terminale et que je sache (parce qu'elle l'a explicitement dit plusieurs fois) qu'elle ne souhaiterait pas

apprendre une vérité qu'elle ne pourrait supporter. Son attitude
ne concerne d'ailleurs pas que la maladie puisqu'elle a régulièrement exprimé l'avis selon lequel « ce qu'on ne sait pas ne nous
cause pas de tort ». Que devrais-je faire ? La sacralisation ou, ce
qui revient au même, l'absolutisation de la vérité m'imposerait
une conduite qui ferait vraisemblablement plus de mal que de
bien. Un pieux mensonge ne semblerait-il pas ici préférable ?
Une éthique rigidement abstraite et désincarnée n'est pas une
éthique. Le choix du *moindre mal* est dans certains cas la meilleure
des solutions praticables. Pour un agent responsable, le souci du
bien effectif — un bien évalué en contexte — peut parfois passer
légitimement avant la lettre des principes.

Bien entendu, rien de tout cela ne nous autorise à conclure
que le calcul détaillé des conséquences soit une méthode éthique
universellement applicable par chaque agent, dans chaque
situation et pour chaque acte. Dans la pratique, il serait le plus
souvent impossible, pour un seul individu embarqué dans le
cours de sa vie, d'envisager, de prévoir et de pondérer avant d'agir
l'ensemble des effets d'un acte ou d'une famille d'actes, même si
théoriquement de tels effets sont réputés « prévisibles en
principe ». Soutenir que les conséquences, néfastes ou favorables
pour le bien-être du plus grand nombre, des diverses conduites
humaines, sont en dernière analyse l'unique fondement de toute
l'entreprise morale est une chose. Prétendre que l'estimation de
ces conséquences serait aisée à accomplir en permanence pour
chaque agent en est une autre. La première proposition, selon
nous, est vraie, alors que la seconde est erronée.

Il semblerait plutôt que les innombrables évaluations
requises pour la constitution ou la réforme d'une morale ne
s'accomplissent, d'ailleurs avec un succès inégal selon les cas,
que par essais et erreurs, de manière tâtonnante, collective,
progressive, hétérogène et cumulative — le plus souvent a
posteriori. De surcroît, la très grande complexité des facteurs
entrant en jeu dans les peines et les joies des êtres humains fait
que certaines conduites peuvent apparaître comme positives à

certains égards et négatives à d'autres, avec pour résultat des conflits de valeurs, des divergences d'appréciation ou des dilemmes moraux virtuellement insolubles. Masquer ces difficultés serait naïf. En déduire que la morale ne peut s'appuyer que sur une autorité surnaturelle ou sur une intuition *sui generis* (la fameuse « voix de la conscience ») n'en constituerait pas moins une échappatoire aussi dangereuse qu'illusoire.

Revenons à notre exemple de départ. Devrais-je ou non dire la vérité? La sagesse des nations, appuyée sur une longue expérience, m'enseigne qu'en général le mensonge est une mauvaise action. Si je mens, je m'éloigne d'un certain idéal d'humanité que nous avons mis des siècles à construire collectivement et qui a su mériter mon adhésion réfléchie, celui d'une communication honnête entre personnes se devant un respect mutuel dans le but d'assurer à tous une vie meilleure. Je ne crois pas qu'une société dans laquelle tout le monde mentirait à son gré puisse être viable. Je n'ignore pas non plus que, la nature humaine étant ce qu'elle est, les motivations qui pourraient m'inciter à mentir risqueraient fort d'être biaisées en faveur de mon intérêt égoïste. Bref, je n'ai pas besoin de réfléchir longtemps pour réaliser que, sauf circonstances absolument exceptionnelles où les conséquences manifestes du fait de ne pas mentir seraient hors de tout doute d'une extrême gravité pour autrui, comme dans l'exemple évoqué plus haut, je devrais normalement m'efforcer de ne jamais mentir sous peine de me sentir immoral.

Cela dit, c'est une chose d'approuver le jugement selon lequel « le mensonge est généralement une mauvaise action » et de décider par conséquent, dans la très grande majorité des situations courantes, soit de dire la vérité, soit d'agir de manière immorale. Mais aller jusqu'à professer, au nom d'une conception rigoriste du devoir: « ne mens absolument jamais quoi qu'il arrive, un point c'est tout », ce serait perdre de vue la primauté des conséquences, sur laquelle repose l'entreprise morale tout entière.

VII

Le respect de la vie
est-il un absolu éthique?

Conflits moraux et respect de la vie humaine

Pourquoi toute forme d'homicide est-elle un mal ? La réponse, au fond, est simple : parce que le respect de la vie constitue la valeur suprême de toute morale méritant cette appellation.

Il est acquis à peu près universellement que tous les hommes sont libres et égaux en droits comme en dignité. Le sujet fondamental de la société est l'être humain et toute société a pour principal rôle légitime de protéger et d'entretenir les conditions de la vie et de l'épanouissement humain. Le respect de sa vie et de sa dignité est un droit inné pour n'importe quelle personne et, par conséquent, chacun devrait sans exception être traité comme une fin et non comme un moyen. La vie humaine est sacrée et tout ce qui attente à cette valeur absolue est moralement condamnable, sauf en cas de légitime défense strictement définie. Ce principe est en quelque sorte écrit dans le droit naturel et se trouve abondamment confirmé, si besoin était, par de nombreuses sources religieuses : « Tu ne tueras pas » est sans aucun doute l'un des commandements divins les plus clairs et universels qui soient.

Plus profondément, la vie ne nous appartient pas, nous appartenons à la vie, et si les humains prenaient suffisamment ce fait en compte, ils s'éviteraient bien des erreurs. En effet, en comprenant que certaines valeurs représentent des absolus ne dépendant en rien des circonstances, nous nous dotons de guides fiables et constants pour l'action. Nous nous grandissons en reconnaissant des normes qui s'imposent, affirmant ainsi notre humanité, en échappant aux déterminants des comportements animaux et en nous affranchissant des contingences. Les humains forment la seule espèce vivante dont les caractéristiques intellectuelles et spirituelles permettent la reconnaissance et la poursuite du Bien. Corrélativement, nous avons l'obligation d'éviter le Mal, quelque prix qu'il nous en coûte. C'est là un signe de notre grandeur, que traduit bien l'impératif de ne jamais tuer.

Il est évident que les conséquences pratiques de cette loi inviolable sont nombreuses et extrêmement importantes. C'est à elles que j'entends m'attacher à présent en passant en revue, à sa lumière, quelques-uns des problèmes d'éthique appliquée qui sont en général considérés comme faisant partie des plus graves et des plus délicats : l'avortement, l'euthanasie et le suicide, la peine capitale, la guerre.

Avortement et respect de la vie humaine

À notre époque, la plupart des sociétés occidentales développées, mais aussi certains pays du tiers-monde affectés par une natalité galopante, ont légalisé la pratique de l'avortement. La question continue néanmoins de se poser à la conscience morale de chacun : même permis par les lois, est-ce un acte immoral ?

Deux préalables à toute réponse semblent intellectuellement nécessaires. Le premier consiste à établir si oui ou non le fœtus est un être humain à part entière, et le second à mettre en balance les droits éventuels du fœtus et les droits de la mère (ainsi peut-être que ceux des autres intervenants éventuels, du père à la société).

Commençons donc par la première interrogation : le fœtus est-il un être humain à part entière ? Pour répondre, nous avons besoin d'un critère raisonnable et applicable d'appartenance à l'humanité. Or, ce critère existe hors de tout doute, sur une base aussi objective et scientifique qu'on peut le souhaiter : est humain tout organisme qui possède un code génétique humain, c'est-à-dire tout organisme conçu au moyen de la réunion des gamètes d'une femelle et d'un mâle de l'espèce *Homo sapiens sapiens*. Nulle nécessité donc de s'interroger sur des considérations complexes concernant la viabilité, l'autonomie, la normalité, le degré de développement, la conscience ou la raison, la personnalité, l'âme, la sensibilité, la liberté, etc., de la « victime » d'une interruption volontaire de grossesse. Ce serait perdre de vue l'essentiel, brouiller les cartes et ouvrir la porte sans motif valable à des distinctions sophistiques qui n'ont aucune raison d'être et dont on entrevoit trop les conséquences potentiellement catastrophiques : les débiles ou les vieillards comateux sont-ils pleinement humains et ont-ils droit à la vie ? — et ainsi de suite sans fin.

Si nous tenons ferme sur ce premier point, il en découle que manifestement le fœtus est humain et que, par conséquent, il devrait jouir des droits moraux normalement reconnus à chaque être humain, au premier rang desquels figure bien entendu le droit à la vie, et ce d'autant plus qu'il est innocent et absolument impuissant à se défendre par lui-même.

Cela ne règle cependant pas la question de l'avortement, dans la mesure où d'autres droits seraient susceptibles de venir s'inscrire à l'encontre de ceux du fœtus, à commencer par les droits de la mère. Une femme n'a-t-elle pas, elle aussi, un droit légitime à la vie ? Si par exemple la grossesse, voulue ou non, met en péril la sienne, il ne semble pas déraisonnable, en effet, d'envisager qu'elle ait une sorte de droit de légitime défense, et ce même si le fœtus est innocent de toute intention de lui nuire.

Mais nous savons que la question morale de l'avortement ne se pose pas principalement à propos de ce genre de situation extrême et très rare. Les droits que les défenseurs de l'avortement et les femmes désireuses d'avorter ont coutume d'invoquer sont d'une autre nature : droit de disposer librement de son corps, droit de décider de donner ou non la vie, droit de conditionner la procréation à la présence d'un contexte socioaffectif suffisamment favorable à un futur développement satisfaisant de l'enfant à naître, droit au bonheur et à l'accomplissement individuel, droit à une vie personnelle conforme à ses attentes ou aspirations (qu'elles soient professionnelles, sentimentales, économiques ou autres).

Il suffit pourtant de réfléchir d'un côté au caractère sacré, absolu et fondamental du droit à la vie inhérent à tout être humain, de l'autre au caractère relatif et limité des «droits» en question, pour conclure qu'il n'y a pas de raison valable pour soutenir que les droits de la mère l'emporteraient sur ceux du fœtus, du moins en dehors du cas où sa vie même serait en jeu. Mis à part cette dernière éventualité, l'avortement est donc clairement un acte immoral, ce que viennent d'ailleurs confirmer le sens commun, qui n'y voit jamais un bien mais seulement, dans les cas les plus sérieux, un moindre mal, et aussi la conscience morale des femmes ayant vécu un ou plusieurs avortements, généralement marquée par un certain degré de remords. Les droits invoqués peuvent tout au plus, selon les situations particulières, représenter des circonstances atténuantes pour une mauvaise action, dont l'appartenance à la famille des actes immoraux de type homicide ne paraît guère douteuse.

Contrairement à ce qu'on pourrait croire, cependant, cette conclusion ne dispose aucunement du problème juridicopolitique. Tous les actes immoraux ne doivent pas automatiquement être déclarés illégaux. Un grand nombre sont laissés à l'appréciation individuelle et il n'est pas exclu que l'avortement puisse, pour des raisons compréhensibles, trouver place parmi eux. Le fait que les personnes qui ont recours à l'avortement ne soient aucunement inclinées par ailleurs à des comportements criminels entrerait ici en ligne de compte. L'observation, certes cynique, qu'en général aucune tierce partie ne se déclare lésée par cet acte joue sans doute un rôle également. Pis, la petitesse ou la discrétion extrêmes du fœtus et son incapacité totale de faire valoir ses droits, comparées à la visibilité sociale et à la pleine disposition de tous leurs moyens dont jouissent la mère et les autres adultes concernés, s'ils représentent des facteurs aggravants du point de vue moral, sont certainement des éléments socialement importants pour encourager la tolérance face à l'avortement. Par contre, l'effet démoralisant que peut exercer à long terme sur une société la généralisation de cette pratique, d'ailleurs souvent accompagnée d'un effondrement de la natalité et d'une relative dévalorisation de la famille, pourrait mériter considération. Mais là n'était pas notre propos.

D'un prétendu droit à la mort : suicide et euthanasie

Du point de vue moral toujours, la question peut se poser de savoir si le droit à la vie s'accompagne ou non d'un *devoir de vivre*. La vie est tout ce que nous avons, elle est le préalable nécessaire à tous les autres biens humainement possibles. Renoncer à la vie, c'est tout perdre. Pourtant, certains soutiennent que si la vie ne nous offre plus que des souffrances, sans aucune perspective constructive ni positive, il pourrait être raisonnable et acceptable d'y mettre fin volontairement, soit par nos propres moyens (suicide), soit avec l'aide directe d'autrui (euthanasie, soit active, soit passive, et généralement plus ou moins médicalisée).

Pourtant, le désir de vivre et la valorisation de la vie ont un fondement sûr qui devrait nous faire réfléchir : tout vivant a comme essence, mission ou fonction première de persévérer dans son être. C'est pourquoi le suicide et l'euthanasie sont moralement contre nature. Ils donnent injustement préséance à des préoccupations qui relèvent de l'égoïsme individuel (échapper à mes douleurs) sur les idéaux communs (affirmer la valeur de la vie en général, y compris dans la part de souffrances qu'elle comporte inévitablement, pour les uns ou les autres, durant un temps plus ou moins long).

Les droits et les libertés de l'individu ne sauraient être moralement absolus et inconditionnels ; au contraire, ils doivent être subordonnés à l'intérêt général. Le respect de l'autonomie personnelle ne signifie pas que chacun a le droit de faire ce que bon lui semble indépendamment des effets que ses actes peuvent entraîner pour autrui ou pour la société humaine, et cela englobe la prise en compte de la *valeur d'exemple* des actions considérées. Chacun peut donc vivre (et mourir) comme bon lui semble *sous réserve* qu'il n'attente pas aux droits des autres, qu'il ne leur nuise pas ou qu'il ne fasse rien qui souille leurs valeurs les plus sacrées.

Or, il n'est guère douteux que le suicide et l'euthanasie n'aient le plus souvent des conséquences terribles et imméritées soit pour l'entourage immédiat de la personne concernée, soit pour la perception collective de la valeur de la vie. C'est pourquoi nous devons examiner attentivement quelle hiérarchie il est moralement raisonnable d'établir entre les trois ensembles suivants de règles: les règles ayant pour objet l'affirmation, la promotion et la défense du respect de la vie; les règles concernant le devoir d'atténuer les souffrances; les règles assurant la liberté et l'autonomie des personnes. Il est clair que le premier ensemble de règles est prioritaire, et même que c'est sur lui que reposent les deux autres en dernière analyse: c'est *parce que* la vie est une valeur sacrée que nous devons faire notre possible pour diminuer les souffrances et pour favoriser l'épanouissement personnel de chacun.

Il en résulte que, dans des situations où la réduction des douleurs et/ou l'exercice du libre choix individuel iraient directement à l'encontre du respect de la vie, c'est ce dernier qui devrait l'emporter du point de vue moral. Le suicide peut parfois être un dernier recours compréhensible et excusable, mais il n'est jamais moralement justifiable. L'euthanasie peut être motivée, dans certains cas extrêmes, par une compassion sincère, elle n'en est pas moins assimilable à un homicide et moralement réprouvable comme tel.

La peine capitale

Justement parce que la vie humaine est sacrée, celui qui commet un meurtre se met lui-même en marge des obligations concernant le respect de la vie. En effet, croire en la dignité morale de l'homme est indissociable du fait que cette dignité soit exactement proportionnelle à l'étendue de nos responsabilités. C'est pourquoi celui qui fait le mal perd tout droit de protester contre le juste châtiment que les autorités légitimement établies lui infligent après une procédure honnête, impartiale et conforme aux lois positives en vigueur — la vengeance individuelle étant, au contraire, manifestement immorale. Et c'est la loi fondamentale de la justice humaine que tout crime commis « donne droit » à subir un mal équivalent : être juste, cela consiste à *rendre à chacun son dû* proportionnellement à ses mérites et démérites.

Il va de soi qu'en plus d'être moralement justifiée comme rétribution éthique la punition des offenses aux lois est socialement indispensable : pour sa valeur exemplaire, pour son effet de dissuasion, et parce qu'elle seule peut contribuer à protéger la société. On peut craindre à cet égard qu'au point de vue collectif l'abolition de la peine de mort ne se traduise toujours par une négligence délibérée des victimes éventuellement assassinées. Vis-à-vis du criminel et de la communauté, l'intention de l'institution judiciaire qui applique un châtiment adapté au meurtre commis doit être tout à la fois de provoquer l'expiation, voire le repentir ; de mettre le coupable hors d'état de nuire ; d'assurer la sécurité des citoyens ; de provoquer le respect de la justice et du droit. Son devoir est de réparer, dans la mesure du possible, les torts subis, d'en punir les auteurs, et de ne pas laisser les volontés faibles ou perverses exposées à de trop fortes tentations.

Si rien n'est moralement plus justifié que de châtier le mal qui nous a été infligé ou de prévenir celui qui pourrait nous être fait, il paraît clair que loin de constituer un progrès moral, la suppression pure et simple de la peine capitale représenterait plutôt une régression sérieuse. L'exécution du meurtrier le met face à sa responsabilité et lui donne par là, paradoxalement, la seule occasion concevable de recouvrer sa dignité. En ce sens, la punition est le moyen de réintégrer dans ses droits, en lui appliquant un châtiment justifié, celui qui s'est mis hors la loi.

Celui qui a tué intentionnellement et sans motif acceptable mérite de mourir à son tour et n'a aucun titre à se plaindre que la peine soit trop lourde. Quant à ceux qui prétendent que la peine de mort serait antinomique avec le respect de la vie, on peut se demander dans quelle mesure ils ont vraiment saisi ce que sont la justice et la punition : comme si l'emprisonnement était antinomique avec le respect de la liberté et les amendes avec le respect de la propriété privée !

La guerre

La guerre est une lutte violente, reposant sur des moyens de destruction militaires puissants, où l'autorité souveraine d'une société civile emploie la force physique organisée dans le but d'imposer sa volonté soit à d'autres autorités souveraines, soit à des groupes non étatiques mais structurés et armés. La guerre est toujours horrible et il ne fait aucun doute que le devoir moral nous commande avant tout d'être bienveillants, miséricordieux et de tout faire pour vivre en paix et éviter la violence. Cependant, la raison éthique nous montre que, face à certaines formes particulières de mal, la seule riposte concevable consiste à y mettre fin par la force. Il arrive donc que, pour contrer de graves démonstrations de cruauté, de haine et d'injustice, le recours à la guerre soit nécessaire et permis — *moralement* permis, car à moins de nous en remettre à la loi du plus fort et de renoncer à fonder la société civile ou la communauté internationale sur la justice, la morale peut et doit s'appliquer à la guerre.

Inséparable de la question de l'autodéfense, l'éthique de la guerre juste soulève évidemment des conflits de devoirs. Dans toute guerre, même la plus justifiée, il faut en effet maintenir le plus possible le caractère sacré de la vie humaine et continuer d'adhérer au principe de l'égale dignité de tous les hommes. C'est ainsi que seuls des objectifs militaires et des combattants devraient être la cible intentionnelle et directe d'actions de guerre, à l'exclusion des civils non engagés, même si parfois ces derniers risquent inévitablement de devenir des victimes collatérales, conséquence que tout belligérant devrait s'efforcer de réduire au minimum dans la mesure de ses moyens. Le bombardement délibéré de zones de peuplement civil, par exemple, apparaît comme moralement injustifiable quelles que soient les circonstances. Mais par ailleurs, le principe de la légitime défense peut autoriser les parties en guerre à engager des actions armées, jusques et y compris des actions résultant directement en la mort intentionnellement visée de l'adversaire. Le devoir de respecter la vie d'autrui cède alors le pas devant l'obligation de protéger par la force des innocents injustement attaqués.

Il en résulte sans équivoque que les guerres d'agression et de conquête motivées par la seule promotion de l'intérêt national sont inacceptables : on n'a jamais le droit de faire la guerre uniquement pour la gloire de son pays, pour se venger de lointains torts passés, pour conquérir des territoires ou autres richesses, ni pour aucun autre motif non défensif. La coercition n'est légitime que si elle est au service du droit. C'est pourquoi la première justification morale de la guerre est la protection d'innocents contre la menace imminente d'un mal très grave et non mérité. En cas d'échec politique et diplomatique, lorsque toute solution de rechange réaliste a été explorée sans succès et qu'on a des motifs raisonnables de juger que seul le recours à la force peut empêcher le massacre d'innocents incapables de se défendre par eux-mêmes, le principe de l'aide due au prochain ordonne de recourir à la force, d'autant plus si l'agresseur se déclare motivé par une hostilité absolue, implacable, et si son but proclamé est la destruction ou l'élimination inconditionnelle des populations et sociétés qu'il attaque.

La morale est faite de réflexions complexes et de décisions difficiles. Autant les principes en sont clairs, autant leur application peut se révéler problématique. Le respect de la vie est une valeur absolue, et pourtant nous avons conclu que la peine de mort ou la guerre défensive étaient moralement défendables.

Seuls des esprits naïfs devraient s'en étonner. On ne nous a jamais promis un jardin de roses — ni garanti qu'une vie droite serait facile. La rigueur de la réflexion demeure notre meilleur atout, signe de la haute responsabilité spirituelle qui nous incombe en tant qu'êtres humains libres et raisonnables.

L'homicide, la morale et le droit

Il est incontestable que le décès d'un être humain par le fait d'un autre être humain est l'une des situations morales les plus sérieuses qu'on puisse envisager — y compris dans certains contextes rares, où tuer peut devenir exceptionnellement excusable (par exemple, dans des cas de légitime défense contre une menace imminente de mort criminelle ou injuste).

Cette extrême gravité attachée au fait d'infliger la mort découle de considérations très puissantes : le meurtre porte une atteinte absolue à la dignité et à la liberté de la victime, lui inflige un dommage physique irréparable et non désiré, va radicalement contre sa volonté, dessert entièrement tous ses intérêts, la prive complètement d'un avenir auquel elle tenait, sans parler de l'exemple de cruauté et de violence qu'un tel acte contribue à propager. Il est donc admis que tuer autrui est un très grand mal — l'un des pires maux concevables. Ces constatations seront tenues ici pour évidentes et acquises.

Cependant, selon les divers contextes précis que nous allons à présent envisager, les conclusions auxquelles invite le raisonnement éthique peuvent parfois se révéler sensiblement différentes et plus nuancées qu'on ne pourrait le croire sur la base de telles considérations.

Nous commencerons avec la question du droit des femmes à l'interruption volontaire de leur grossesse. On prétend parfois

que tout avortement serait un meurtre. Pourtant, examinons
attentivement les données du problème. Selon nous, le point
de départ d'une réflexion rationnelle sur ce sujet devrait être
que la femme enceinte est une personne humaine à part entière,
investie de tous les droits afférents à ce statut, alors qu'il est
pour le moins douteux que le fœtus ne soit ni une entité biologique physiquement présente au monde de manière autonome,
viable et séparée, ni un être légitimement doté des attributs
minimaux de la pleine personnalité morale. Reprenons une à
une ces deux dimensions : la liberté des femmes et le statut
moral du fœtus.

Comme toute personne humaine, les femmes peuvent
certainement revendiquer le droit de contrôler leur propre corps
et de mener leur vie comme elles l'entendent dans les limites
normales du respect d'autrui. Les droits fondamentaux de la
personne humaine incluent habituellement le droit à la vie, le
droit à l'intégrité physique (droit de ne pas subir de dommages
corporels) et le droit à l'autonomie. Il n'est pas difficile de voir
que l'interdiction de recourir à l'avortement porterait directement atteinte à ces droits élémentaires de la femme enceinte.
En effet, une femme qui ne souhaiterait pas procréer, mais serait
malgré tout contrainte de le faire se verrait à la fois méprisée
dans son autonomie, brimée dans la libre disposition de son
corps et dans la conduite de son existence personnelle, et exposée
à de graves et durables souffrances psychiques. En conséquence,
mettre ou non un rejeton au monde semblerait relever normalement de la libre décision de la future mère.

Évidemment, tout changerait si les droits de l'enfant à
naître étaient de nature à contrebalancer ceux de la mère.
Abordons donc à présent le problème du statut moral du fœtus.
Il est indiscutable que le fœtus est génétiquement humain, et
l'on pourrait admettre sans grande discussion qu'il devrait
certainement être considéré comme constituant une personne
potentielle en cours de développement progressif — processus
au bout duquel il finirait, si ce développement allait à son

terme, par accéder au statut plénier d'être humain. Mais il paraît extrêmement improbable qu'une personne potentielle soit moralement assimilable à une personne actuelle ou effective. Par conséquent, il est pour le moins douteux que le fait, pour les personnes humaines, d'avoir un droit inviolable à la vie, implique automatiquement que les enfants à naître devraient en jouir également et au même titre dès la conception. Il semble beaucoup plus naturel et rationnel, et d'ailleurs conforme à la plupart des traditions éthiques de l'humanité, de considérer qu'il existerait des degrés et des stades de développement successifs, conduisant par étape le zygote au rang d'embryon, puis de fœtus, puis de fœtus viable, jusqu'à la naissance, qui marque traditionnellement, non sans quelques bons motifs, le seuil d'accession définitive et irréversible au statut de personne humaine à part entière, seule la séparation physique d'avec le corps maternel donnant au nouveau-né l'existence propre et la pleine autonomie requises.

Il n'est donc aucunement déraisonnable, au contraire, d'estimer qu'à ces divers stades de la conception correspondraient divers statuts moraux dûment proportionnés et équivalents, c'est-à-dire que l'organisme à naître ne devrait être investi au départ que de droits limités, puis de plus en plus étendus et exigeants au fur et à mesure de sa croissance. Dans cette optique, à aucun stade de son développement prénatal, le fœtus ne pourrait valablement être doté de droits susceptibles d'avoir une préséance inconditionnelle sur ceux de la femme enceinte. C'est ainsi qu'un avortement précoce ne saurait manifestement pas violer les droits du fœtus à la vie, pour la simple raison qu'à ce stade ce dernier ne jouirait encore d'aucun droit moral de nature à contrebalancer la libre décision de la femme enceinte, et ce quelles qu'en soient les raisons. Par contre, on peut estimer légitimement que, plus la gestation progresse, plus l'enfant à naître se rapproche du statut de personne et plus les motifs invoqués pour pratiquer une interruption de grossesse devraient être bien fondés et impérieux.

La part inévitable d'arbitraire dans une détermination temporelle et quantitative de tels seuils, en fonction desquels permettre ou non l'interruption de grossesse, peut heureusement être réduite par le choix délibéré d'une option qu'on pourrait qualifier de «prudentielle» ou «charitable», consistant à adopter les critères qui, tout en étant raisonnables et justifiables, s'avèrent les moins préjudiciables et les plus généreux pour le fœtus. C'est ainsi qu'en général l'avortement pourrait être considéré comme moralement permis sans conditions jusqu'aux environs du quatrième mois de la gestation, sous conditions jusqu'au sixième, et seulement dans des cas extrêmes entre le septième mois et la naissance.

Sans entrer ici dans les détails, on remarquera cependant que ce type d'appréciation morale ne peut, pour diverses raisons d'ordre pratique et institutionnel, se traduire mécaniquement en termes d'une législation réglementant l'accès effectif à une interruption médicale de grossesse : les lois seront parfois plus libérales, parfois plus restrictives, sans que cela n'entraîne une remise en cause du point de vue éthique défendu ici, à savoir que l'interruption de grossesse ne peut être assimilée à un homicide.

En second lieu, nous voudrions traiter brièvement le double problème du suicide et de l'euthanasie. La question est ici de savoir si un être humain possédant une lucidité et une autonomie suffisantes peut légitimement se prévaloir d'un droit de décider de continuer ou non à vivre. Admettons sans discuter qu'en général la vie, condition de tous les autres biens concevables, est en quelque sorte en elle-même un bien superlatif et que la mort, sans être intrinsèquement un mal, n'est certainement pas un bien positif mais plutôt la privation d'un bien. La question devient alors de décider si le suicide ou l'euthanasie ne pourraient pas, dans certaines circonstances, apparaître comme un moindre mal moralement acceptable.

Pour constater que oui, il suffit de reprendre la liste des maux invoquée au début pour condamner le meurtre. Contrairement au meurtre, la mort volontaire ne porte pas atteinte à la dignité et à la liberté de celui qui y recourt et ne va pas contre sa volonté, à supposer naturellement qu'il soit en possession acceptable de son jugement et de ses facultés. Elle lui inflige certes un dommage physique irréparable, mais il est désiré. Elle ne risque pas de priver l'agent d'un avenir auquel il tenait, puisque justement ce dernier juge, pour des raisons valables à ses yeux, soit qu'il n'a plus d'avenir, soit que l'avenir qui lui resterait serait pour lui privé de tout sens, de tout plaisir ou de toute qualité de vie. Enfin, il est extrêmement douteux que la mort volontaire desserve les intérêts du suicidé, dans la mesure où, au contraire, il estime lui-même qu'aucun intérêt réel ne le rattache plus à la vie [1]. Il en découle que la mort volontaire n'est pas moralement assimilable à un meurtre et ne saurait par conséquent tomber sous le coup de la même condamnation éthique que ce dernier — et c'est certainement pourquoi le suicide a cessé de faire l'objet d'une condamnation systématique dans la plupart des cultures modernes.

Dans ces conditions, pourquoi l'euthanasie est-elle encore si souvent considérée comme un crime ? C'est évidemment à cause de deux problèmes supplémentaires : l'intervention nécessaire de tierces personnes et l'excessive difficulté de déterminer des seuils précis et des critères applicables, facteurs qui suscitent une crainte, relativement fondée, de se trouver devant un cas de « pente savonneuse ». Ses adversaires considèrent en effet que permettre l'euthanasie serait ouvrir la porte à de graves abus. Cette inquiétude n'est cependant pas insurmontable. Tout ce qu'elle indique, c'est que la pratique de l'euthanasie devrait faire l'objet de nombreuses précautions rigoureusement encadrées, ce qui est parfaitement réalisable, comme le prouve l'exemple récent de la législation néerlandaise sur ce sujet. Seule l'hypocrisie pourrait expliquer qu'on préfère laisser les actes

---

1. Bien sûr, ces appréciations ne valent que si le sujet est en possession de son autonomie, de sa raison ou de son bon jugement ; la tentative de suicide d'un déprimé relèverait plutôt de l'intervention psychothérapeutique.

d'euthanasie dans la zone grise de l'implicite et de l'arbitraire médical, comme c'est le plus souvent le cas actuellement.

Qu'elle soit passive (cesser de soigner et laisser mourir sans intervenir) ou active (provoquer directement le décès), l'euthanasie, pour être légitime moralement, doit être motivée par le respect de l'autonomie et de la dignité du sujet ; par la considération prioritaire du bien du patient ; par le souci de réduire au minimum ses souffrances et de maximiser sa qualité de vie jusque dans sa dernière étape, l'agonie ; par des préoccupations exclusives de compassion et de bienveillance. Inutile de se dissimuler ici que les modalités d'application de ces principes éthiques peuvent s'avérer relativement délicates, car c'est effectivement le cas et il ne servirait à rien de le nier. Qu'en théorie l'euthanasie ne soit pas en elle-même immorale est une chose, que chaque cas particulier soit complexe et demande la plus extrême prudence en est une autre. Seule l'expérience morale, juridique et médicale, encadrée par une déontologie et un droit aussi précautionneux et détaillés que possible, représenterait sans doute une voie raisonnable de solution.

Au passage, il vaut la peine de souligner un point. On croit souvent que la morale nous dicterait seulement de faire ce qui est bien ou bon et d'éviter absolument tout ce qui ne le serait pas. Pourtant, il est indiscutable que l'avortement ou l'euthanasie ne sont pas en eux-mêmes des biens positifs et ne sauraient être considérés comme intrinsèquement bons. Aucun doute là-dessus. Il se trouve simplement que la morale est aussi la recherche des décisions les meilleures, ou les moins mauvaises, compte tenu des circonstances, et c'est pourquoi elle devient fréquemment, en pratique, la recherche du moindre mal. Dire que l'avortement ou l'euthanasie peuvent être parfois de *moindres maux* est donc bel et bien une proposition de type éthique, même si elle nous paraît manifestement s'éloigner du mieux, du souhaitable ou du bon.

Cela posé, il faut absolument nous méfier des facilités que risquerait de présenter, à l'inverse, l'acceptation non raisonnée de certains maux au nom des compromis prétendument inévitables dans l'action humaine. Pour qu'on puisse parler de moindre mal, il faut que l'appréciation honnête et complète des valeurs en cause et des voies de rechange possibles ait été conduite avec rigueur. Si nous avions rencontré des raisons valables pour conclure que le fœtus était de plein droit une personne humaine à part entière dès la conception, l'avortement serait un meurtre et cesserait automatiquement de pouvoir être tenu pour un moindre mal dans la quasi-totalité des conditions habituelles. Nous croyons qu'il en est ainsi pour la peine de mort et pour la guerre, qu'on a souvent présentées, à tort selon nous, comme des maux nécessaires dans certaines circonstances.

À quoi sert le châtiment des meurtriers ou autres criminels et sur quelles justifications éthiques repose-t-il ? Il est généralement admis que toute peine infligée par les pouvoirs publics à ceux qui se sont rendus coupables d'offenses aux lois doit, par ordre d'importance : 1. constituer une rétribution punitive, raisonnablement juste et proportionnée, pour le mal causé plus ou moins délibérément ; 2. contribuer à protéger la société, 2.1 d'une part en mettant, dans des conditions et durant un temps relatifs au critère n° 1, les coupables hors d'état de violer à nouveau les lois, 2.2 d'autre part en exerçant un certain effet dissuasif sur les éventuels candidats au crime ; 3. permettre, dans la mesure du possible, une forme de réhabilitation ou de réforme du condamné ; 4. avoir enfin une portée exemplaire, en représentant une forme de réaffirmation positive, à la fois symbolique et pratique, des valeurs, lois et droits socialement institués ou reconnus.

Il paraît peu discutable que toute peine suppose un mal infligé à la personne qui la subit : en ce sens, le châtiment est toujours assimilable à un moindre mal. Cela ne signifie cependant aucunement que n'importe quelle peine puisse être automatiquement justifiée pour n'importe quelle offense au titre de moindre mal, puisque les critères énumérés à l'instant suppo-sent au contraire que les peines choisies pour chaque type de délit, parmi toutes celles qui seraient théoriquement possibles, doivent impérativement satisfaire ces diverses conditions. Or, même si l'on admettait (ce qui serait d'ailleurs tout à fait discutable), d'une part, que l'auteur d'un meurtre prémédité ait perdu le droit de vivre, d'autre part, que la peine capitale soit dans son cas une sanction raisonnablement juste et proportionnée à la gravité de son crime, une société civilisée pourrait décider malgré tout que l'emprisonnement à perpétuité sans possibilité de libération conditionnelle avant vingt-cinq ans, par exemple, est moralement préférable *compte tenu des critères 3 et 4*. Dans ces conditions, l'exécution ne serait plus le moindre mal, mais un mal trop grand. On peut penser que les autorités de tous les pays qui ont aboli la peine de mort ont tenu ce genre de raisonnement, dont la validité éthique semble inattaquable.

Le principe que les punitions, tout en protégeant la société, devraient tendre à réduire au strict minimum le mal causé aux condamnés est caractéristique de l'humanisme moderne, très attaché au respect de la vie comme aux droits de la personne et soucieux de démarquer le plus possible la justice de tout esprit de vengeance. L'idée selon laquelle celui qui a tué mériterait d'être tué à son tour lui paraît trop proche de l'archaïque « œil pour œil, dent pour dent ». Pour cet humanisme, le recours à la peine capitale n'est qu'un aveu d'impuissance et un déni des valeurs les plus chères de la moderité.

De même, bien que pour de tout autres raisons, il paraît sensé de soutenir que la guerre n'est pratiquement jamais un moindre mal. En général, les guerres sont fondamentalement une question de pouvoir, d'intérêt national, de prestige ou de puissance, d'expansionnisme démographique, économique ou militaire, de nécessité politique ou de survie ethnique, qui relève avant tout du réalisme calculateur et semblerait donc échapper à l'analyse morale abstraite. Certes, dans divers cas, les guerres sont apparemment d'une autre nature, idéologique ou religieuse, du genre guerre sainte, et dépendent de phénomènes de fanatisme collectif : qu'on pense par exemple à la conviction que

Dieu autorise la coercition et le meurtre des incroyants. Mais il demeure vraisemblable que, même alors, des facteurs objectifs expliquent le passage à l'acte. Devrait-on alors se résigner devant l'inévitabilité des conflits armés entre groupes humains?

Il faut bien voir que la charge de la preuve repose certainement du côté de ceux qui prétendent que la guerre puisse être un moindre mal. En réalité, les conséquences des guerres modernes sembleraient plutôt, et systématiquement, s'être avérées immondes et catastrophiques: dans les faits, toutes les guerres sont injustes. Les conditions qui, en théorie, pourraient rendre une guerre moralement juste ne seront pratiquement jamais satisfaites. Un monde avec guerre, comme nous le connaissons depuis quelques siècles, c'est un monde où règne la loi du plus fort, où dominent la recherche illimitée du profit, le pillage sans frein des ressources naturelles, l'exploitation des peuples. Guerres coloniales, guerres ethniques, guerres impérialistes, guerres de religions — autant d'instruments pour une culture de la violence et du pouvoir, de l'accumulation et de la domination.

Les guerres favorisent le renforcement de la puissance étatique et portent atteinte aux libertés civiques. L'augmentation corrélative des inégalités encourage en retour une mentalité militariste qui a pour résultat de transformer en conflits armés des tensions qui pourraient être résolues par des voies pacifiques, le tout au seul bénéfice des puissances hégémoniques et, accessoirement, des intérêts d'une industrie de la guerre multimilliardaire, habituée aux paradis fiscaux et aux livraisons clandestines. La guerre ne fait guère appel qu'à des «qualités» moralement négatives comme la cruauté, la brutalité, la haine, l'insensibilité aux souffrances d'autrui, l'arrogance, la rapacité. Elle force les participants à manquer aux premiers devoirs humains que sont l'altruisme, le respect du droit à la vie, la bienfaisance, la compassion et l'amour. Quant aux vertus dont elle pourrait se réclamer, comme le courage, l'obéissance, l'esprit de sacrifice, le service de la patrie ou la défense de valeurs positives telles que la liberté, elles pourraient dans presque tous les

cas être mises au service d'autres formes d'action moins meur-
trières et dévastatrices.

Plus que jamais, à l'ère des armes de destruction massive,
la guerre cause tant de morts innocentes, de souffrances et de
préjudices pour les non-belligérants qu'elle apparaît comme
irrémédiablement immorale et injustifiable. Devant le fait que
la guerre moderne viole ainsi, inévitablement, les droits les plus
fondamentaux d'un grand nombre de personnes sans défense,
on peut penser qu'aucune cause, si noble soit-elle, ne saurait
plus contrebalancer les maux qu'entraîne toute action armée. Il
ne fait aucun doute dans notre esprit que la seule solution
pleinement morale face à tous les types de conflits entre groupes
humains devrait au contraire résider dans une prise de position
sans équivoque en faveur du pacifisme, c'est-à-dire de la
croyance que toute guerre est intrinsèquement inhumaine et
doit absolument être évitée. Il est moralement inadmissible
de s'engager dans la violence organisée et létale de la guerre.

Bien entendu, cela ne signifie pas qu'une société agressée
doive ne pas réagir, résister ni se défendre. Le principal sophisme
des défenseurs de la guerre est de prétendre qu'elle soit la seule
solution, alors que l'expérience montre qu'il existe beaucoup
d'autres moyens efficaces que le recours à la force, car la non-
violence ne signifie aucunement la capitulation, la passivité ou
le refus de défendre la justice, tout au contraire. La résistance
passive, le sabotage des institutions ennemies, la désobéissance
civile, les grèves et les manifestations, les appels aux pressions
de l'étranger, les recours devant les instances internationales, la
lutte politique, sont des solutions non seulement viables et
infiniment plus justifiables moralement, mais au bout du
compte probablement aussi efficaces sinon plus. Un monde sans
guerre serait possible si les États se soumettaient à un organisme
supranational, démocratique et sans privilèges accordés aux
grandes puissances, qui soit doté de la force et de la légitimité
requises afin d'arbitrer avec équité et autorité les différends
internationaux.

Il nous est donc permis de conclure que la morale peut, sans aucune contradiction, rester fidèle à sa vocation et proscrire non seulement le meurtre, mais aussi la peine de mort ou la guerre, tout en rangeant parmi les moindres maux parfois justifiables des pratiques comme l'interruption volontaire de grossesse ou l'euthanasie.

VIII

Le capitalisme est-il bon ?

Esquisse d'une défense du capitalisme

Au moment d'entamer ma brève causerie de ce soir, ai-je besoin de vous dire que j'ai été surpris qu'une association de philosophes invite un économiste pour vous entretenir du régime capitaliste ? Croyez bien que je suis honoré de votre confiance. Je vais faire mon possible pour adopter un point de vue aussi général et élevé que possible, afin de parler un langage approprié à vos attentes — et peut-être de faire oublier ma spécialité !

Pour commencer, je suis certain que beaucoup parmi vous se demandent comment un esprit raisonnable pourrait bien défendre une chose aussi manifestement défectueuse, pour ne pas dire mauvaise, que le capitalisme. En effet, les défauts de ce régime sont nombreux et patents. Je n'en rappellerai que quelques-uns.

Le capitalisme ne fait rien pour diminuer les inégalités de fortune, au contraire ; il engendre des crises économiques périodiques aux conséquences humaines dévastatrices ; il n'a réussi à enrichir véritablement que quelques pays, généralement dotés d'un passé d'esclavagisme, de colonialisme, d'impérialisme et d'exploitation laissant la plupart des autres dans un état de sous-développement catastrophique ; il a multiplié les besoins artificiels et condamné les masses à une culture de la consommation éperdue, dont le moins qu'on puisse dire est qu'elle n'a pas apporté au plus grand nombre le bonheur attendu ; il a donné des pouvoirs exorbitants à de grandes multinationales et à quelques institutions échappant dans une large mesure aux contrôles démocratiques directs; il a favorisé une religion de l'argent, du profit et de la compétition matérielle, qui nous déshumanise; les effets pervers de l'industrialisation sur l'environnement sont désastreux — et cette liste n'est pas close. Au vu de tous ces effets négatifs, il semblerait bien ne faire aucun doute qu'un monde sans le capitalisme, ou du moins sans les défauts qui paraissent lui être inhérents, serait meilleur et donc souhaitable.

Arrivé à ce point, au risque de passer pour simpliste et provocateur, je voudrais vous inviter à comparer mentalement le capitalisme avec la pesanteur. La pesanteur est responsable d'innombrables accidents, chutes, blessures ou décès. Elle limite nos mouvements et engendre une colossale dépense d'énergie. Un monde sans les défauts de la pesanteur serait plus léger et plus libre. Faudrait-il pour autant *condamner* la pesanteur? Cela aurait-il un sens? D'ailleurs, au total, un monde en état permanent d'apesanteur serait-il vraiment meilleur? Serait-il, en fait, seulement possible? Naturellement, j'entends déjà votre objection: l'attraction gravitationnelle est une donnée naturelle et impossible à supprimer, alors que le capitalisme est œuvre humaine et pourrait par conséquent être remplacé, si nous le voulions, par un régime meilleur. Eh bien, nous y voilà. Est-ce si sûr? C'est ici, selon moi, que réside le nœud de la question.

Pour y voir plus clair, cependant, il convient de nous arrêter un instant sur la définition même du terme de «capitalisme». De quoi s'agit-il, en effet? Sans entrer dans de trop subtiles considérations théoriques, j'appellerai ici capitalisme un système économique supposant à la fois: 1) la propriété privée, légalement garantie, de la plupart des biens, tant de consommation que de production; 2) l'engagement, l'avance et l'investissement, dans l'espoir d'en retirer un revenu ou un profit, de sommes d'argent (le «capital») permettant soit l'acquisition de terres et autres biens agricoles, soit la constitution d'un stock utilisable d'équipements, structures ou moyens de production industrielle ou de distribution, soit encore la mise sur pied d'entreprises commerciales ou de service, soit enfin la spéculation financière ou boursière ; 3) l'existence de mécanismes sociaux (entre autres juridiques et institutionnels) garantissant dans une mesure suffisante le libre jeu de la concurrence et des lois du marché (y compris sur le « marché du travail », aboutissant à une généralisation du salariat) : dans un régime capitaliste, c'est des confrontations entre l'offre et la demande, c'est-à-dire entre une multitude de vendeurs et d'acheteurs, que résultent en dernière analyse la plupart des décisions concernant les prix et la production.

Remarquez bien que, dans mon esprit, vous suggérer que ce système puisse être en partie « naturel » ne signifie absolument pas qu'on devrait le tenir pour éternel ou universel, ni que toutes ses modalités locales actuelles soient immuables, nécessaires ou inévitables dans chacun de leurs moindres détails. La pesanteur elle-même est un phénomène local et relatif : dans les conditions particulières des vaisseaux spatiaux règne ce qu'on appelle l'apesanteur. De même, dans les sociétés archaïques de chasseurs-cueilleurs, par exemple, on ne risquait pas de rencontrer le capitalisme.

Plus près de nous, dans les économies capitalistes des nations industrielles développées, il est indéniable qu'existent ou ont existé divers degrés, toute une gamme en fait, allant du laisser-faire anarchique d'un capitalisme mafieux à l'État-providence fort des régimes mixtes de la social-démocratie, sans que ces réserves et variations ne contreviennent, sur l'essentiel, à mon plaidoyer. Au dix-neuvième siècle, les enfants travaillaient soixante heures par semaine, mais nul ne croit aujourd'hui que cela soit inhérent à l'économie capitaliste. Par nature, le capitalisme n'exclut ni les syndicats, ni une certaine participation des travailleurs à la gestion, ni l'actionnariat populaire, ni diverses formes d'intervention de l'État, contrairement à ce que croient souvent ses adversaires. Les partisans du régime capitaliste n'ont jamais prétendu que les phares de nos côtes, ou les rues de nos villes, devraient appartenir à des entreprises privées, ni que les pouvoirs publics avaient tort de subventionner la création d'emplois.

Notez au passage que cela implique, dans la perspective que je retiens ici, une très nette distinction entre, d'une part, le capitalisme comme régime économique et, de l'autre, le libéralisme ou la social-démocratie en tant qu'idéologies politiques : l'Amérique conservatrice de George W. Bush et la Grande-Bretagne travailliste de Tony Blair sont toutes deux capitalistes, et même à l'époque où le rôle de l'État y a été le plus étendu, on pourrait penser que la Suède n'a jamais cessé elle non plus d'être capitaliste (bien que son expérience nous confirme qu'au-delà d'une certaine limite l'augmentation des impôts, l'endettement public et l'ingérence de l'État dans la vie économique finissent par nuire au bon fonctionnement du marché et par s'avérer non viables).

En effet, pour soutenir, comme je souhaite le faire devant vous, que les bases du système capitaliste sont intransgressibles dans le contexte d'une société moderne, il n'est absolument pas nécessaire de lui supposer une seule forme rigide ni de l'identifier à un contexte sociopolitique unique. Car tout ce que je prétends que nous ne pouvons pas changer, *du moins dans les sociétés contemporaines au stade actuel du développement démographique et technologique*, ce sont quelques principes généraux : a) le principe de l'efficacité du libre marché concurrentiel dans les grands secteurs d'activité économique ; b) celui de l'intérêt personnel (accompagné, chez chaque agent économique, d'un libre calcul d'utilité de type « rationnel ») ainsi que d'une propriété privée, sinon universelle et absolue, du moins très étendue ; c) celui de la monétarisation des échanges, du profit et du salariat.

Selon moi, l'expérience du vingtième siècle démontre hors de tout doute raisonnable que les idéologues utopistes qui ont

cru pouvoir transgresser ces principes minimaux ont inévitablement conduit leurs sociétés à la tyrannie et à la ruine, sans
jamais réussir par ailleurs à réaliser la moindre de leurs
promesses concernant l'égalité et la justice. Ils ne sont parvenus
qu'à ériger des régimes « idéocratiques » de type totalitaire
(c'est-à-dire fondés sur des idées dogmatiques et abstraites),
régimes qui reposaient en fait sur des modalités d'organisation
des activités de production et de distribution représentant de
purs et simples dénis de la plus élémentaire rationalité économique, avec les conséquences désastreuses qu'on pouvait prévoir.

Bref, tout indique, même si (contrairement au cas de la
pesanteur) nous ne disposons pas à ce sujet d'une théorie expli-
cative complète ni satisfaisante, que certains facteurs minimaux
du fonctionnement humain, social et économique, seraient incontournables dans toute société démographiquement nombreuse et
technologiquement développée (disons, pour faire vite, après la
« révolution industrielle »). Or, il se trouve que ces facteurs sont,
d'une part, étroitement rattachés aux bases mêmes du capitalisme
et, de l'autre, incompatibles avec les systèmes qui voudraient s'y
substituer, comme le socialisme ou le communisme.

La simple vérité empirique semblerait bien être : 1) que les
humains, au moins dans le contexte d'une société avancée, ne
sauraient durablement et efficacement travailler qu'en vue d'un
revenu ou bénéfice personnel dont ils soient, pour l'essentiel,
reconnus comme propriétaires indépendants ; 2) que le mécanisme complexe et non contrôlable du marché, si imparfait
soit-il, demeure un meilleur régulateur de la production et de
la distribution que ne pourrait l'être une forme quelconque
de planification centralisée — et en effet, l'histoire économique
suggère que le marché est une formidable machine à faire
progresser le niveau de vie, à créer des emplois et à faire baisser
les prix ; 3) que toute tentative d'abolition du profit personnel
entraîne à la fois la pauvreté et la violence institutionnalisée ;
4) qu'à terme l'absence d'un minimum de libertés est incompatible avec l'initiative entrepreneuriale indispensable à l'efficience

et au progrès économiques, alors que seule la contrainte généralisée serait en mesure d'assurer le (mauvais) fonctionnement d'un régime d'économie collectiviste et planifiée.

Ainsi, même si une forme de socialisme devait nous apparaître, en idées, comme un projet plus moral, plus équitable et plus humain que le capitalisme, il n'en présenterait pas moins le défaut rédhibitoire d'être inapplicable compte tenu des réalités ou exigences de la nature humaine et de la vie socioéconomique. Ces dernières, malgré une marge indéniable et étendue de plasticité, que je reconnais sans réserve, auraient apparemment toutes deux leurs limites, au-delà desquelles elles se désorganisent, se déstructurent et sombrent dans l'inefficience, la pénurie, le chaos ou la tyrannie. Que ces limites, certes imprécises et mal comprises, soient transgressées *dans une intention louable et morale* ne change rien à l'affaire : le résultat sera inévitablement catastrophique et le remède se révélera pire que le mal.

Comment pourrions-nous interpréter tout cela d'un point de vue philosophique ? Je crois qu'il existe deux grandes approches principales des phénomènes sociaux et économiques : le volontarisme contractuel et constructiviste ; le réalisme d'une nature humaine à la fois biologique, psychologique, historique et sociale. Dans la première optique, les arrangements humains relèvent d'une sorte de contrat, explicite ou implicite, et les groupes peuvent choisir de construire le mode d'organisation qui leur convient : si un monastère est viable, pourquoi une société communiste ne le serait-elle pas ? Dans la seconde optique, les arrangements humains ont au contraire leurs propres lois, qu'il est vain de vouloir ignorer : un monastère est possible, pas une société communiste. Quelque chose — même si nous ne savons pas exactement quoi, ni comment, ni pourquoi — s'y oppose dans les réalités humaine et socioéconomique.

Il n'est sans doute pas facile de trancher, au niveau le plus abstrait et le plus général, entre ces deux écoles, et je n'entends pas résoudre ici ce problème. Je présume que la solution se situerait vraisemblablement dans une zone intermédiaire, modulée selon les cas particuliers envisagés. À un extrême, les variantes des diverses constitutions politiques relèvent sans doute du constructivisme, tandis qu'à l'autre extrême le lien familial, universellement attesté, relève probablement d'une nature socio-biologique incontournable. À mon avis, il serait sage d'en juger de façon empirique et au cas par cas, plutôt qu'en ayant recours à des affirmations spéculatives peu réalistes ou indémontrables.

Mais heureusement, une autre perspective est également envisageable. On peut se demander si le capitalisme, en plus d'être possible et viable, ne serait pas *bon*. Jusqu'à présent, j'ai tenté en effet de suggérer que ce régime économique était apparemment un *moindre mal* inévitable. Mais il serait peut-être permis d'aller au-delà de cette première évaluation et de soutenir que le capitalisme constitue, par-dessus le marché, un régime raisonnablement juste et valable.

En effet, le régime capitaliste suppose, d'abord dans le domaine économique, mais corrélativement dans les domaines politique, religieux, moral et culturel, une large liberté. Or, même s'il n'entre pas dans mon plan de tenter de fournir ici des justifications détaillées pour cette appréciation, je dirai que la pensée morale dans son ensemble tend à reconnaître que *la liberté est une valeur positive*. L'absence ou la privation de liberté est un mal, et c'est d'ailleurs sur ce terrain qu'ont été jugés et condamnés par l'histoire les régimes totalitaires qui jusqu'à ce jour ont tenté de renverser le capitalisme. Or, la liberté se révèle difficilement séparable de la propriété, laquelle est justement l'une des bases du régime capitaliste. Réciproquement, tout indique que l'enrichissement collectif tend à favoriser la promotion et le respect des libertés.

Ensuite, on pourrait avancer que, dans la sphère strictement économique qui est la sienne, le capitalisme n'est pas fonda-mentalement injuste. La justice consiste, pour chacun, à recevoir son dû, à obtenir ce qui lui revient, à être puni ou récompensé proportionnellement à ses fautes ou à son mérite. Certes, la justice est une valeur très importante, mais elle est aussi extrêmement complexe et le capitalisme ne saurait prétendre couvrir tous ses aspects. Toutefois, dans son champ d'application propre qui concerne les activités de production et de répartition des biens et des richesses, il peut à bon droit se présenter comme un système raisonnablement juste, puisque c'est par le libre jeu des décisions volontaires et indépendantes de tous les membres de la société que le revenu de chacun est déterminé, en fonction de l'utilité qu'il a produite (ou non) par son initiative, son travail, son imagination, bref en fonction de sa contribution à la vie commune. La justice économique pour le capitalisme, c'est que chacun obtienne ce que lui méritent son activité, ses entreprises, ses idées, ses efforts, ses investissements et son génie sur un marché libre et ouvert, qu'il s'agisse du marché des capitaux ou du marché de l'emploi, etc. Il est impossible de créer la prospérité générale en décourageant l'initiative, l'épargne, le profit et l'indépendance, impossible d'aider les pauvres en ruinant les riches. Spontanément, les esprits envieux seront peut-être portés à trouver injuste qu'il y ait des riches, mais si la richesse de quelques-uns favorise un développement collectif ayant pour résultat de contribuer à diminuer la pauvreté des autres, en quoi serait-elle immorale? Aux États-Unis, par exemple, les 20 % les plus riches procuraient à l'État fédéral 58 % de ses recettes en 1979 et 65 % en 1999!

Les adversaires du capitalisme lui reprochent régulièrement de ne pas avoir réglé le problème de la pauvreté, celui de l'inégalité, celui du bonheur, celui du sens de la vie, que sais-je encore? Mais c'est se tromper de cible. Le capitalisme n'est qu'un système économique. Il ne faut attendre de lui ni une politique d'aide sociale, ni la réalisation de l'égalité des conditions, ni un art de vivre, ni une sagesse éthique. Par contre, il faut aussitôt reconnaître que le capitalisme n'interdit aucunement la poursuite de ces autres buts, bien au contraire. Si nous voulons exercer collectivement une meilleure compassion vis-à-vis des plus démunis, le capitalisme ne nous en empêchera pas: simplement, cela n'est pas directement de son ressort.

En admettant que la « justice sociale » consiste en ce que chacun obtienne une satisfaction de ses besoins fondamentaux proportionnelle aux moyens de la société à laquelle il appartient et contribue, le capitalisme demeure neutre à cet égard. Il nous rappelle seulement que cela ne relève plus de l'économie en tant que telle, mais bien de choix politiques, moraux ou religieux — tout en nous enseignant aussi que la redistribution des richesses *présuppose* la production de la richesse : *sans gâteau, pas de partage du gâteau* !

On peut, par exemple dans des objectifs de réduction des écarts dans la qualité de vie pour tous les citoyens, augmenter les taxes et prélèvements sociaux effectués par l'État. Mais plus ces prélèvements augmentent, plus la jouissance des revenus est lourdement hypothéquée par des charges de toutes sortes, et plus la vitalité économique risque d'en être affectée, jusqu'à un seuil où l'État s'endette, les capitaux fuient, la société tout entière s'appauvrit et l'effet obtenu à long terme est l'augmentation des pénuries, du chômage et de la pauvreté. Si trop d'argent est détourné du circuit économique, par exemple à la suite d'un excès d'impôts, cela finit par nuire à l'économie, du moins *au-delà d'un certain seuil* (un peu comme la contrebande sur le tabac apparaît inévitablement au-delà d'une certain seuil de taxation sur les cigarettes). D'où la mise en garde purement économique : ne partageons pas *trop* nos richesses, sinon demain il se pourrait qu'il n'y ait plus grand-chose à partager.

Je soutiens par conséquent que, si le capitalisme a effectivement divers inconvénients, il a aussi de nombreuses et précieuses qualités, alors que le communisme est impossible et que toute les tentatives pour le réaliser à ce jour n'ont abouti qu'à des défauts, vices et crimes *infiniment pires* que ceux du capitalisme, qu'aucun résultat positif ne vient contrebalancer. Pour reprendre ma petite comparaison boiteuse : celui qui espérerait abolir les inconvénients de la pesanteur en se jetant dans le vide n'arriverait à rien de bon. La réalité est têtue et un soi-disant « idéal » cesse d'être valide s'il a l'inconvénient

majeur de n'être pas réalisable et de se retourner systématiquement en son contraire.

Les ennemis du capitalisme plaident en général pour
davantage de solidarité, de charité, de redistribution, de compassion, de coopération, d'entraide. Mais qui ne voit qu'*en dehors
du strict secteur économique* une société capitaliste peut parfaitement
promouvoir aussi ces valeurs, et que d'ailleurs la plupart d'entre
elles le font effectivement? C'est même là une des manières de
souligner la supériorité du système capitaliste: la liberté
économique sur laquelle il repose ne nuit pas à d'autres valeurs
s'appliquant dans d'autres secteurs de la vie humaine; au
contraire, elle les rend possibles et les favorise. En paroles,
l'anticapitalisme se veut plus *moral* que le capitalisme. En
pratique, les sociétés capitalistes se sont pourtant révélées
beaucoup moins inhumaines que les sociétés anticapitalistes.

En effet, le capitalisme tolère et autorise l'instauration de
remèdes politiques, sociaux, juridiques, moraux ou religieux à
ses propres effets pervers. Je n'ai malheureusement pas le temps
de développer ce point, mais je m'en voudrais de ne pas ajouter
en passant que le capitalisme a fait surgir des sociétés qui
permettent un plus grand épanouissement de la liberté (en
particulier de la liberté de penser, d'écrire, de publier, de diffuser)
et qui offrent de plus riches possibilités de vivre que tous les
autres systèmes bâtis jusqu'ici par les hommes. L'anticapitalisme
ruine l'indépendance, l'initiative, la motivation et la créativité
de la personne humaine; il brime les libertés et les droits, et par
surcroît il n'en échoue pas moins sur les plans économiques et
sociaux. Il me semble qu'au total la leçon devrait se tirer d'elle-
même: si imparfait soit-il, le capitalisme présente, sur tous les
régimes concurrents, le double avantage d'être réalisable (c'est-
à-dire conforme à la nature des choses) et globalement bon. Il
représente ce que nous pouvons faire de mieux, ce qu'il était dans
mon intention de faire valoir ce soir devant vous.

Bien entendu, vu les circonstances et le temps qui m'était
imparti, la défense du capitalisme que je viens de vous présenter

n'était qu'une simple esquisse. J'espère malgré tout ne pas vous avoir trop déçus. Je vous remercie de votre attention et je me ferai à présent un devoir de répondre de mon mieux, après les avoir écoutées attentivement, à vos questions ou objections.

Le capitalisme n'est pas bon

Après plusieurs siècles, un verdict négatif

Apparu en Europe dans la foulée de la Renaissance pour atteindre toute son ampleur au dix-neuvième siècle, le capitalisme est un régime économique et social reposant sur le dogme de la propriété privée, la primauté de la libre entreprise et l'acceptation des mécanismes du marché concurrentiel, régime dans lequel les profits et la richesse n'appartiennent pas à ceux qui travaillent mais à une classe d'entrepreneurs qu'on appelle la bourgeoisie et qui vise avant tout à l'accumulation du capital et à l'enrichissement.

La thèse qui sera défendue ici est qu'en dernière analyse ce régime est mauvais. Il peut sembler particulièrement iconoclaste de proférer un jugement aussi dur sur un mode de production qui a incontestablement apporté de réels bienfaits à l'humanité. Le capitalisme n'a-t-il pas représenté, en effet, l'un des élements clés de l'émancipation humaine proposée et défendue par la civilisation occidentale moderne et par ce qu'on appelle l'esprit des Lumières? La libre entreprise n'a-t-elle pas contribué à maximiser toutes les libertés et les possibilités d'épanouissement des membres des sociétés modernes?

Examinons un instant la question de savoir comment elle a pu le faire. En déréglementant, dirions-nous aujourd'hui. Le monde féodal était un univers surréglementé. L'agriculture y était domaniale, avec servage obligé. La production artisanale, étroitement encadrée par des corporations, était contingentée et vite satisfaite de son rendement. La possibilité d'entreprendre et de s'enrichir demeurait le privilège d'une minorité qui, vivant bien, n'y trouvait pas beaucoup d'intérêt. Tout le système organisait la dépendance d'une très vaste majorité au service du bien-être d'une toute petite fraction de la population.

En fait, l'aristocratie n'avait absolument pas comme projet de s'enrichir : cette noblesse ne visait pas l'accumulation, se satisfaisant de transmettre le patrimoine familial au fils aîné. De plus, elle manifestait plutôt du mépris pour ces commerçants, petits ou grands, qui se vouaient au travail et au profit. L'aristocrate valorise davantage la haute naissance, l'honneur, le courage guerrier et la gloire. L'aristocrate ou le noble, c'est l'anti-travail : depuis le début des grandes civilisations agricoles, un homme « de condition » ne travaille pas. Un philosophe de l'Antiquité grecque, Aristote, ne considérait-il pas que les activités les plus hautes auxquelles l'humanité puisse se consacrer étaient le savoir et la politique ? La noblesse médiévale aurait sûrement ajouté la chasse et la guerre, mais certainement pas le travail !

Sous l'influence de la croissance du commerce maritime avec le Nouveau Monde et l'Orient, le développement des villes et leur affranchissement progressif de la tutelle seigneuriale, grâce à une richesse « en liquide » qui faisait défaut à la noblesse terrienne, allaient donner naissance à un nouvel acteur sur la scène du pouvoir : la bourgeoisie. Ce groupe social, qui accumule une nouvelle forme de richesse, va bouleverser la planète. Une économie dynamique s'installe peu à peu, alimentée par des techniques et des savoirs nouveaux, ravis de faire la démonstration de leur puissance.

Le capital accumulé dans le commerce s'investit dans la production pour en augmenter le rendement et ainsi générer plus de richesse. L'enrichissement augmente la qualité de vie de ceux qui en profitent et, surtout, il devient un déterminant de plus en plus important de l'échelle des statuts sociaux. La hiérarchisation étant plus ouverte et ne reposant plus sur la naissance, il se répand un espoir réjouissant de pouvoir sortir de sa condition et améliorer son sort. Une société aristocratique interdit ce genre d'espoir, l'avenir de chacun étant déjà tracé par le passé et la naissance.

Mais ce qui, au départ, a pu ainsi constituer un formidable moyen d'émancipation, se transformera assez rapidement en une névrose obsessionnelle, la cupidité, et en une nouvelle idéologie, le laisser-faire capitaliste ou « libéralisme ».

Le capitalisme, ses demi-vérités et ses mensonges

Tout d'abord, il faut bien voir à quel point cette idéologie forme un système gravitant autour d'une valeur centrale unique, l'argent, qui oriente l'action humaine et biaise toute réflexion sur quelque projet que ce soit. Ensuite, l'ensemble d'idées et d'attitudes qui la constituent, tout en prétendant servir les intérêts de tous, ne servent en fait que les intérêts d'un groupe particulier, la bourgeoisie. Et finalement, comme toute idéologie peut-être, elle se présente comme un ramassis de demi-vérités, quand ce ne sont pas carrément des mensonges.

C'est ainsi par exemple que, la richesse étant devenue quasiment aussi héréditaire que la naissance, l'ouverture de la hiérarchie sociale se révèle presque une illusion. Les riches engendrent généralement des riches et des pauvres engendrent généralement des pauvres. Après deux siècles de ce régime, les pays riches ne représentent pas 20 % de la population mondiale et, dans chacun d'eux, moins de 5 % de la population détient plus de 50 % de la richesse nationale. Comment croire, dans ces conditions, que le laisser-faire libéral serve les intérêts de tous ?

La vérité, au contraire, c'est que le capitalisme est essentiellement un processus d'exploitation et de détournement de la production sociale. Une minorité, détentrice des capitaux, affame les plus faibles de la terre, à l'intérieur comme à l'extérieur de son pays d'origine, pour accumuler la richesse et se procurer un mode de vie non seulement indécent mais vide de sens. Ce qui

avait paru d'abord être un grand projet d'émancipation collective
tourne mal, parce que la liberté d'entreprise et de propriété va
prévaloir sur toutes les autres formes de liberté. Le capital
va réussir à faire prévaloir sa logique mercantile.

Un autre mensonge éhonté de ses défenseurs, c'est
l'affirmation selon laquelle le capitalisme étant un système
économique extrêmement simple (propriété privée des biens,
des moyens de production et des moyens d'échange ; cadre
juridique légalisant et faisant respecter les contrats ; lois du
marché : concurrence, offre et demande, etc.), il serait compatible avec à peu près n'importe quelles mesures sociales, qui
relèveraient du politique et non de l'économique.

La production agricole précapitaliste, sans moyens efficaces,
reposait nécessairement sur l'esclavage ou le servage. La grande
production marchande, quant à elle, repose sur l'exploitation
systématique et rigoureuse du travail humain, enrobée d'un
voile d'innocence sous le couvert de la liberté : l'ouvrier, le
travailleur serait libre de s'engager ou non chez tel ou tel
capitaliste. Belle affaire, si, d'une part, on n'a pas le choix pour
survivre que de se faire embaucher à salaire et si, d'autre part,
se ressemblant tous, les capitalistes n'ont en tête qu'un chose,
maximiser leur profit. Le capitalisme est par essence indissociable d'une idéologie de droite qui répugne à tout partage de
la richesse, alors que seul un tel partage pourrait contribuer à
l'établissement d'une société où les écarts de revenu
n'affecteraient pas la satisfaction des besoins fondamentaux du
plus grand nombre.

Le libéralisme considère que la production de la richesse est
un phénomène essentiellement privé et qu'en conséquence cette
dernière appartient légitimement à ceux qui détiennent les
moyens de la produire (c'est-à-dire les capitaux). Il est
imperméable à l'idée selon laquelle, au contraire, toute richesse
est socialement produite par le travail de tous et devrait donc
servir à assurer à tous un bien-être au moins minimal. Il se
réclame de la sous-idéologie du « mérite personnel » pour tenter

de justifier les écarts les plus injustifiables : mais comment pourrait-on, au nom du *mérite*, justifier que dans une même entreprise le revenu le plus haut soit *plus de 300 fois* supérieur aux plus bas ?

Le capitalisme est non seulement un système de production et d'échange faisant appel à des capitaux et à des moyens de production essentiellement privés, mais c'est un système économique qui tend à tout sacrifier au rendement du capital. Là où il prédomine, un certain partage de la richesse ne se réalise jamais que sous la pression des luttes populaires et contre sa logique propre, en le contraignant à laisser place à une certaine forme de socialisation. Par ailleurs, l'autonomie du politique par rapport à l'économie, que le capitalisme invoque en théorie pour s'exonérer de ses graves travers, est dans les faits largement illusoire, d'abord parce que le capital est parfaitement capable de contrer ou de renverser tout pouvoir politique prétendant restreindre sa marge de manœuvre, ensuite parce que la classe politique est issue du milieu même de la bourgeoisie tout entière gagnée à l'idéologie capitaliste.

Quant à la névrose obsessionnelle de l'argent elle a, comme la liberté d'entreprise et de propriété l'a fait pour les autres formes de liberté, contaminé toutes nos aspirations. Il en va comme si être riche le plus vite possible, par tous les moyens possibles, quelles qu'en soient les conséquences à moyen ou long terme, était le but ultime de la vie. L'effet de propagande est tellement réussi que celui qui oserait remettre en question cette orientation réductrice passerait pour un anormal, un hurluberlu, un marginal et un perdant. Pourtant, une observation un peu attentive de la façon de vivre dans les pays riches devrait nous faire réfléchir : n'y constate-t-on pas un effritement des horizons de signification qui se traduit par un mal de vivre, un sentiment de vide, une anomie collective croissante ? Nous vivons sous la tutelle d'un discours unique et mollement totalitaire qui définit sournoisement la trajectoire de nos vies, le discours publicitaire, qui nous bombarde *ad nauseam* de messages nous enjoignant d'acheter pour être heureux — et pour acheter, il faut devenir aussi riche que possible en cherchant avant tout à être « un gagnant » selon un itinéraire individuel de « réussite » matérielle.

L'argent est ainsi devenu littéralement une monomanie, qui se traduit pour les uns par la frénésie du travail et de l'investissement rentable, et pour d'autres par la compulsion du jeu devant magiquement assurer une fortune instantanée. Le but lui-même n'est plus guère contesté par personne, même si son atteinte se révèle n'être à la portée que d'une petite minorité à qui il est bien loin d'assurer le bonheur. Au-delà des coûts et des désillusions, nous sommes embourbés dans une culture de l'argent et une mystique de l'enrichissement. Le capitalisme a érigé en idéal une mentalité de parvenus incultes et sans âme. Les rapports sociaux sont largement contaminés par la compétition et la concurrence à outrance dans cette course à la consommation, comme si plus rien d'autre que le gain matériel ne pouvait motiver les actions humaines.

Les innombrables chantres médiatiques ou idéologues technocratiques du capitalisme, qui lui sont totalement inféodés, soudoyés qu'ils sont, grassement payés et jouissant du statut de petite bourgeoisie mangeant dans la main de la grande, ont même l'outrecuidance de prétendre que cette recherche du profit serait naturelle et, partant, inéluctable sous peine de condamner à l'échec la vie économique. Dans toutes les actions que nous entreprenons, nous ne serions motivés que par la seule recherche du profit. On peut estimer à bon droit que c'est là faire une interprétation bien trop simpliste des motivations humaines.

Si cette lecture était vraie, nous nous interdirions de comprendre non seulement quantité de comportements contemporains de solidarité, de partage, de don, de coopération, d'entraide, de bénévolat, de sacrifice ou de désintéressement, mais surtout la plus grande partie de l'existence humaine qui s'est déroulée dans des économies non productivistes. On oublie de nous dire que c'est seulement sous l'effet de la propagande capitaliste que la recherche du profit ou de l'avantage économique a tendance à occuper toute la place, sans heureusement y parvenir.

Comment comprendre autrement que soient si dévoués à leur travail des professeurs, des infirmières et des médecins salariés, dont la qualité du travail n'entraîne nullement un avantage économique établi sur des bases concurrentielles? D'ailleurs le libéralisme, s'il avait raison, se contredirait et se nuirait à lui-même puisqu'il contribue en pratique à élargir sans cesse le salariat. L'ère du capitalisme des petits entrepreneurs est en effet bien révolue. L'extrême concentration de la richesse a fait en sorte que presque tout le monde travaille désormais à salaire pour des détenteurs de capitaux qui ne sont que rarement impliqués dans la production.

Entre une compagnie privée des dimensions de General Motors et une organisation publique de la taille d'Hydro-Québec, la seule différence réelle est que les profits de la première sont versés aux actionnaires alors que ceux de la seconde profitent à toute une société. Seule une propagande extrêmement efficace peut convaincre une population mal informée de la plus grande efficacité du secteur privé par rapport au secteur public. De la même manière, les grands prêtres du capitalisme que sont les économistes officiels ou classiques ont le plus souvent tenté de nous faire croire que la syndicalisation freinait la productivité, autre mensonge que les faits sembleraient plutôt démentir si l'on en croit diverses recherches indépendantes.

Pour terminer, il faudrait absolument démasquer l'une des pires escroqueries intellectuelles du capitalisme libéral contemporain, celle qui consiste à affirmer qu'il existe à l'état pur alors que ce n'est plus le cas depuis longtemps déjà — à quelques exceptions près que l'honnêteté oblige à reconnaître, puisque certains pays particulièrement mal lotis essaient encore de faire fonctionner le «système capitaliste» selon ses principes énoncés plus haut, avec les résultats catastrophiques dont témoignent les cas récents de l'Argentine ou de la Russie. Pendant ce temps, dans les pays industrialisés et riches, il y a des lustres que le système économique est mixte, métissage de l'économie de marché et de l'interventionnisme étatique, imposé par les combats syndicaux ou politiques des masses populaires et inspiré par des idéologies ou des systèmes de valeurs contraires au libéralisme, ce qu'on n'a même pas la décence de nous rappeler.

Le capitalisme laissé à lui-même est aussi catastrophique que le pire des communismes. Ce qui est fascinant, c'est de voir la rhétorique des principes du capitalisme avoir si bonne presse, alors que la réalité n'y correspond pas du tout. Les entorses aux sacro-saints principes sont tellement importantes qu'on se demande comment il est possible de perpétuer la rhétorique. Elle ne se maintient probablement que parce qu'elle légitime l'appropriation privée de la richesse produite alors que les coûts relatifs aux nécessaires redressements du système sont socialisés. Le capitalisme actuel, c'est la privatisation des profits et la socialisation des pertes. Avons-nous encore affaire à une économie privée quand les entreprises exigent d'être subventionnées de multiples manières (réductions d'impôt, prêts sans intérêts, subventions à l'établissement et à la modernisation, etc.)? Peut-on encore parler de marché libre quand des réglementations de toutes sortes sont nécessaires pour éviter le désordre et les crises?

Finalement, le capitalisme ne peut échapper à la logique de la croissance. On mesure sa santé par la croissance! Il augmente sans cesse la production, alors il va bien. Subit-il un ralentissement, alors il est malade. Concevons-nous la chose? La croissance obligée va nous conduire à la catastrophe et c'est déjà commencé. La production toujours accrue de la richesse avec, bien sûr, comme alibi que c'est la seule façon de pouvoir la partager, a déjà sérieusement mis à mal notre planète tant au niveau de l'utilisation des ressources que des retombées dégradantes pour l'eau, l'air et la vie en général. Or, le capitalisme n'a que quelques siècles. Faisons l'exercice de le projeter dans le temps et pour l'ensemble de la planète, et nous risquons fort d'en conclure qu'un seul diagnostic paraît vraisemblable:

catastrophe inévitable. Il serait dangereusement naïf de nous réjouir de la supériorité du capitalisme sous prétexte qu'il ne s'est pas encore effondré ! Le jour où les conséquences négatives se manifesteront, le choc n'en sera que plus brutal.

Une question de valeurs

L'enjeu philosophique de la réflexion sur les vices du régime capitaliste est de première importance. Il s'agit de savoir ce qu'est l'être humain, un calculateur égoïste et matérialiste ou un coopérant social en quête d'un épanouissement intégral de la personne ouvert au plus grand nombre. Il s'agit de déterminer si l'argent peut primer ou non les valeurs humanistes comme la justice sociale et l'égalité entre tous. Il s'agit de faire un choix collectif sur l'orientation à donner à l'histoire de la société humaine. Contrairement à ce qu'on croit trop souvent, le capitalisme est beaucoup plus qu'une simple formule économique : c'est une option globale dont la portée existentielle, anthropologique et éthique apparaît d'autant plus étendue qu'on l'examine de manière plus attentive. Les solutions concevables qu'on pourrait lui opposer nous semblent peut-être, à l'heure actuelle, irréalistes. Cela ne devrait pas nous interdire d'exercer notre vigilance critique ni de mesurer la part d'espérance et de créativité dont l'utopie s'est, plus d'une fois, montrée porteuse dans l'histoire.

IX

La politique est-elle compatible
avec nos valeurs idéales?

Pour le meilleur et pour le pire,
la politique est étrangère aux «valeurs morales»

C'est un fait d'observation courante, dont les livres d'histoire apportent une somme écrasante de confirmations, que la vie politique est remplie d'actions qui, si elles étaient accomplies par de simples individus, passeraient pour des péchés ou des crimes. La manipulation, le mensonge, la trahison, l'espionnage, les fonds secrets, l'assassinat, la tromperie, les promesses non tenues, la violence, la ruse, la dissimulation, le chantage, la domination, la loi du plus fort, tout cela, au nom de l'intérêt supérieur de la collectivité, est monnaie courante en matière politique. Devant de tels faits, il est fondamental de bien saisir que l'action politique, sans être totalement coupée de tout lien avec des préoccupations morales, comme nous le verrons, comporte inévitablement, de par sa nature même, des aspects non moraux qui lui sont absolument consubstantiels.

En principe, nul ne devrait s'en scandaliser. Il est des situations, voire des champs entiers de la vie humaine, comme l'art, la littérature, l'économie ou la guerre, dans lesquels il se révèle impossible de faire primer une évaluation morale ou de recourir valablement à des justifications de type éthique. Bien entendu, cela ne signifie absolument pas que la politique soit étrangère à toute règle. Au contraire, la sphère de l'action politique est régie par des normes *sui generis* qui, simplement,

ne relèvent pas de l'éthique. Le pouvoir légitime est juridi-
quement défini et sanctionné, contrôlé et encadré par la loi, son
autorité étant seconde par rapport à celle du droit et des
institutions — sauf, il est vrai, dans ce qu'on appelle l'« état
d'exception », révélateur puissant du rôle irréductible en
politique de la force pure et de la décision brute.

C'est ainsi que l'État n'est ni ne saurait raisonnablement être
tenu pour un agent moral comme les autres. Par définition, le
souci des valeurs éthiques concerne avant tout les relations entre
individus dans la sphère privée et non pas au même titre les
communautés : seule la personne humaine individuelle est
susceptible d'obligation morale. Or, le terrain d'exercice de la
politique, ce sont les groupes organisés : classes sociales, peuples,
masses, partis, pays, nations, pour lesquels n'ont de pertinence
que les relations de puissance d'une part, et de l'autre les constitutions, traités, ententes, législations ou autres conventions
appropriées, qui sont le reposoir de la légitimité politique et
l'encadrent dans des normes qui lui sont particulières.

Cette autonomie par rapport à la morale devient d'autant
plus claire qu'on réfléchit davantage à ce qui fait le propre du
domaine en question. Pour bien comprendre la vie politique,
il faut s'intéresser non pas aux discours des politiciens au sujet
des « valeurs » dont ils aiment à se réclamer, qui ne sont le plus
souvent qu'un simple écran de fumée, mais plutôt aux luttes
pour le pouvoir, aux données démographiques, aux considérations de sécurité nationale, aux intérêts économiques et à l'argent,
aux enjeux concernant les ressources naturelles et les richesses
matérielles, les armes et le pétrole, etc. La politique concerne
essentiellement les décisions collectives, les rapports de forces et
les conflits d'intérêts : sans tensions, compétitions, désaccords,
rivalités ni combats, pas de politique. C'est l'une des raisons pour
lesquelles le pouvoir n'est accordé ni aux plus savants ni aux plus
sages, mais aux plus habiles, aux plus nombreux ou aux plus
puissants, car la politique n'est pas le royaume de l'idéal, mais
celui des antagonismes entre clans ou pays, avec leurs liens

d'alliance ou d'inimitié, dont les buts comme les moyens apparaissent étrangers à la sphère des valeurs éthiques.

D'abord, les fins spécifiques de la politique ne sont pas de l'ordre de la vertu ni du bien moral : elle vise des objectifs comme la pacification de la société, la préservation de l'existence même de la communauté et la continuité du lien civique, l'organisation d'une coexistence non destructrice entre une pluralité d'opinions divergentes, la promotion de l'intérêt général et du bien commun, la gestion du patrimoine collectif, la construction d'un régime stable et la sauvegarde des institutions, le maintien de l'ordre, la prévention et la résolution des crises, la garantie des libertés publiques, la prospérité et la grandeur du pays, la prévention des attaques extérieures, la défense du peuple entier, le salut de la nation — tout cela supposant avant tout la substitution, à des relations d'agression entre camps adverses, d'un système social organisé, réglé par le droit et assuré, en dernier ressort, par la possibilité pratique d'un recours légitime à la force publique organisée (police, armée, prisons, etc.), sur laquelle les détenteurs du pouvoir établi exercent normalement un monopole reconnu et effectif.

Ensuite, plusieurs des moyens qui lui sont inhérents et nécessaires, comme la coercition, le châtiment, la contrainte, la ruse, le secret d'État, l'espionnage, la guerre, etc., ne relèvent pas en premier ressort de la morale mais seulement de l'efficacité : la bonne politique suppose la réussite, elle n'est justifiée que par les résultats obtenus et se juge à ses conséquences, le critère ultime résidant principalement dans diverses formes d'utilité sociale et non dans une quelconque conformité à des valeurs éthiques — ni, d'ailleurs, esthétiques ou religieuses. La principale raison qui justifie l'idée que les puissances étatiques ne soient pas soumises à la morale, c'est qu'elles ne peuvent pas l'être : l'usage efficient du pouvoir est incompatible avec le respect des normes éthiques. Aucun gouvernement ne saurait, par exemple, accomplir sa mission sans dissimuler ses plans et garder secrètes de nombreuses informations sensibles.

S'il en est bien ainsi, on pourrait, par conséquent, affirmer que la politique est de telle nature qu'elle n'est soumise qu'à la raison d'État et soustraite aux compétences légitimes de la morale usuelle et des normes qu'elle promeut. La souveraineté, attribut fondamental de la puissance étatique, se reconnaît précisément à ceci que nulle loi supérieure dont il ne soit lui-même l'auteur ne s'impose au législateur : par essence, la souveraineté est le droit d'une volonté qui ne se détermine jamais que par elle-même.

Il serait toutefois excessif d'en déduire que la politique n'ait jamais rien à voir avec la morale. Pour s'en rendre compte, qu'on songe seulement à deux exemples. Le premier concerne l'importance de l'imposition d'un code moral en vue de la stabilité de la vie sociale : sans respect, de la part des citoyens, pour des mœurs communes et autres codes de conduite, une communauté serait exposée à l'effritement et au désordre. C'est pourquoi l'un des devoirs que s'attribuent les institutions est celui d'enseigner, d'inculquer et de faire respecter dans la société, au besoin par la menace de sanctions, une certaine éthique de vie. À cet égard, il ne serait pas faux de soutenir que la morale puisse se révéler indirectement un moyen de la politique.

Un second exemple, auquel il vaut de s'attarder davantage, porterait sur le rôle des valeurs dans la formulation de ce qu'on appelle les idéologies politiques. L'être humain est ainsi fait que, chez lui, l'action est indissociable de la parole et, plus généralement, d'une riche vie symbolique. La politique n'y échappe pas, et c'est une donnée de fait qu'elle comporte autant de discours que d'actes. Tant dans la conquête du pouvoir que dans son exercice, les politiciens et leurs partisans ont besoin de discourir abondamment.

On appelle « idéologie » tout système des croyances, jugements, convictions ou idéaux qui caractérise un courant d'opinion ou un parti politique. Ce genre de système d'idées est susceptible de remplir plusieurs fonctions, allant de *séduire* ou *convaincre* jusqu'à *mobiliser* et *servir de guide pour l'action*. Il n'est pas douteux que chaque grande idéologie ne se définisse, entre autres, par l'affirmation de certaines valeurs apparentées à celles qu'on rencontre dans les discours des moralistes, telles que la liberté, la justice, la prospérité, l'égalité, la sécurité, la paix. En un sens, on pourrait affirmer que les problèmes politiques, tout comme les questions morales, se ramènent en fin de compte à des conflits de valeurs. On voit par là que la politique n'est donc pas, en dernière analyse, sans relations étroites avec le champ des valeurs morales. Mais ces relations ne sont pas celles qu'on croit souvent, ni ce que les moralistes imaginent ou souhaiteraient qu'elles soient.

Au-delà des beaux discours, en effet, quelle place peuvent occuper réellement les valeurs morales dans le champ politique ? Face à des crises graves, beaucoup de gens sont portés à croire qu'un retour à des « valeurs fondamentales » pourrait nous éclairer et nous orienter vers une solution. Mais en matière politique, « les valeurs » sont généralement chose vague et de portée douteuse. Il y a plus grave : même si nous distinguions et nuancions leurs divers niveaux ou formes, ce qu'on appelle « les valeurs » risquerait d'être encore un piège, et voici pourquoi : par nature ou par définition, les « valeurs » sont toujours trop belles pour être vraies.

Idéologiquement, rien n'est plus fascinant et fallacieux qu'un tableau de valeurs : tout n'y est que perfection, beauté, noblesse, élévation et grandeur. Il s'en dégage un sentiment d'achèvement spirituel auquel il n'est pas facile de résister. Rappelons-nous pourtant ce que dit la sagesse populaire : « Tout le monde est pour la vertu ! » — sous-entendu : « Mais il y a loin de la coupe aux lèvres… » Les merveilleuses « valeurs » énumérées à l'instant (la liberté, la justice, la prospérité, l'égalité, la sécurité, la paix) sont des notions tellement évidentes, indiscutables et positives, tellement sélectionnées et polies par une longue expérience humaine, enjolivées par un ancestral exercice rhétorique, qu'elles sont devenues un miroir aux alouettes.

En fait, pourrait-on être assez aveugle pour croire qu'il existe un nombre significatif de gens qui *refusent* ou *rejettent* ce genre de grandes valeurs ? Des partisans délibérés du faux, du laid, du mal, de l'injustice, de la souffrance, de l'insécurité, de la mort ? Des monstres qui se déclareraient fièrement contre une vie plus humaine et plus vraie ? Rappelons-nous plutôt le mot de Socrate : « Nul n'est méchant volontairement » et sachons que nous ferions fausse route si nous étions incapables de nous pénétrer de la conviction que nos ennemis, disons (ce ne sont que des exemples, chacun refera la liste selon ses propres penchants) les Hitler, les Ben Laden, les Pinochet, les Milosevic, les Saddam Hussein et les Ariel Sharon de ce monde, se déclareraient généralement, et de bonne foi, partisans de valeurs aussi présentables que les nôtres — ou encore que d'autres époques et cultures ont pu privilégier des valeurs différentes, par exemple la discipline, l'harmonie et la paix intérieure, la communion avec la nature, l'énergie, l'intégration communautaire, l'ordre et l'autorité, le goût de l'aventure, la soumission à une transcendance, le courage guerrier, le respect de la tradition, l'esprit de sacrifice, etc.

Politiquement parlant, il y aurait une complaisance irresponsable à se gargariser de belles « valeurs » en s'imaginant que cela pourrait régler quelque problème que ce soit. En apparence, quoi de plus sûr, de plus séduisant, de plus incontestable qu'une *valeur* ? Le mot lui-même ne dit-il pas à quel point c'est bon ? Mais méfions-nous. Car d'un autre côté, quoi de plus trompeur, de plus problématique, de plus irréaliste, de plus discutable qu'une valeur ? Derrière chaque nom resplendissant où se pavane un tel idéal, que de simplifications hâtives, que d'imprécisions, de difficultés d'application, d'effets secondaires indésirables, de potentiels maléfiques pudiquement méconnus ou passés sous silence, que de tensions avec d'autres valeurs pourtant tout aussi assurées et attirantes !

L'observation des idéologies politiques devrait nous armer contre le chant des sirènes de toute table de valeurs, qui cultiverait l'illusion de régler les différends insolubles de l'intersubjectivité et de l'action collective. Grâce à une simple liste de mots, on dirait que les contradictions de la pratique sont surmontées, le mal transcendé, les conflits résolus, les tracas et les imperfections de la vie réelle magiquement abolis — mais ce n'est qu'une mystification. D'ailleurs, rien n'est mieux attesté dans l'histoire que la tendance des humains à se comporter en contradiction flagrante avec les idéaux qu'ils prétendent pourtant défendre. Les grandes religions et leur histoire sont peut-être le meilleur symbole de ce tragique décalage entre la beauté apparente du discours sur les valeurs et les horreurs de l'action qu'il recouvre trop souvent. On prêche l'amour et on brime, on tue, on opprime à qui mieux mieux *au nom même de l'amour*.

En outre, l'expérience politique enseigne que les valeurs idéales sont souvent impraticables et dangereuses : l'histoire ne regorge-t-elle pas d'exemples montrant avec quelle facilité et quelle régularité les utopies les mieux intentionnées, défendant apparemment les valeurs les plus incontestables ou les plus séduisantes, ont malgré tout tourné au cauchemar ? Les plus généreux utopistes ont eu beau se réclamer des valeurs les plus sublimes, ils ont régulièrement engendré des modèles oppressifs, irréalistes et totalitaires, qui n'ont abouti qu'à des bains de sang. La capacité de l'homme à pratiquer exactement le contraire des valeurs qu'il professe ne connaît aucune limite. C'est pourquoi les valeurs idéales ont joué, dans l'histoire politique des sociétés humaines, un rôle globalement négatif.

L'une des difficultés qui se dissimulent sous les débats sur les valeurs concerne en réalité non pas les valeurs elles-mêmes, mais l'*adhésion* pratique et l'*observance* effective des valeurs. Tout se passe trop souvent comme si l'on s'imaginait qu'à force de rechercher, définir et proclamer des valeurs, on allait finir par influer sur la motivation effective des gens à s'y conformer. Mais c'est probablement faux. Le degré de respect des valeurs dépend sans doute davantage de facteurs objectifs, sur lesquels la simple discussion philosophique n'a que bien peu de prise : rapports de pouvoir, équilibre entre intérêts opposés des divers groupes sociaux, conditions socioéconomiques, cohésion des sociétés, climat culturel collectif, dynamisme éducatif, vitalité des croyances, perspectives d'avenir des jeunes, etc. Il serait naïf de croire qu'à force de *parler du Bien* on peut empêcher beaucoup de gens de faire le mal, et de ne pas voir le jeu des intérêts réels qui se cachent pudiquement derrière les belles paroles des idéologues militants. Dans une large mesure, les conflits d'idéologies et de valeurs ne sont que des épiphénomènes des conflits d'intérêts matériels. Il faut également reconnaître que, dans certains cas, des faiblesses morales individuelles peuvent s'avérer indirectement une source de prospérité et de progrès pour la société.

Du point de vue politique, les problèmes vraiment sérieux commencent lorsqu'on prend en compte les *conflits* de valeurs et les *hiérarchies* de valeurs. La vraie question n'est plus «Quelles sont mes valeurs et quelles sont les tiennes», mais: «Que faire face à la "guerre" inévitable entre diverses échelles de valeurs?» Les cultures modernes et démocratiques reposent justement sur un système sociopolitique qui, dans le but précis de désamorcer les conséquences négatives de tels conflits, a choisi de reléguer explicitement la plupart des choix de valeurs dans la sphère individuelle et privée: c'est l'un des axiomes constitutifs et fondateurs de la modernité que de renoncer à se mêler des valeurs. La société démocratique n'est pas hostile à la morale, mais la confine à la sphère privée; elle affirme bien quelques principes (comme les droits de la personne) et quelques normes (par exemple dans toutes les lois qui empêchent les actes des uns d'empiéter sur la liberté ou les droits des autres), mais leur résultat principal est de confier à chacun individuellement, ou à chaque «communauté» (ethnique, religieuse, etc.), le libre choix de ses valeurs propres. Laissant chaque citoyen concevoir le Bien à sa façon, les régimes libéraux sont le contraire d'un État vertueux: ils ne contrôlent que les moyens permis pour réaliser nos idéaux, en prohibant tout recours à la violence.

En ce sens, on devrait certainement s'interroger sur l'objectif poursuivi, face à des questions politiques, lorsqu'on invite les citoyens à discuter des valeurs. Faire un peu de promotion pour notre idéologie ou de publicité à nos choix personnels ? Essayer de convaincre un petit groupe de se rallier autour des mêmes idéaux ? Tenter de proposer à la société tout entière une unique échelle de valeurs ? Cette dernière intention, apparemment louable et innocente, serait en réalité extrêmement problématique : en effet, sans s'en douter peut-être, voire en s'imaginant régler quoi que ce soit, on remettrait ainsi en question le libéralisme et le pluralisme qui sont au fondement même de la culture politique démocratique. Il existe aujourd'hui un mouvement d'idées larvé qu'on pourrait qualifier de « moralement correct » et qui prétend vouloir rapprocher ou unir morale et politique. En fait, on peut craindre que ce genre de dérive n'aboutisse qu'à encourager les chasses aux sorcières, les leçons infligées aux autres et le règne d'une bonne conscience aussi dangereuse que sûre de soi.

Ce n'est pas tout. On pourrait soutenir que la vie politique nous a prouvé que certaines valeurs sont inconciliables. Le cas le plus exemplaire serait sans doute celui de la liberté et de l'égalité. Sur une base idéologique forte, un pays a effectivement pu adopter pour devise « liberté, égalité, fraternité » (il s'agit de la France, à la suite de la révolution de 1789). Et la plupart des évaluations morales concluraient probablement que la liberté et l'égalité sont toutes deux des valeurs positives et constituent par conséquent des idéaux légitimes. Pourtant, l'histoire s'est chargée de nous montrer que, dans les faits, plus on établit et protège de libertés dans un pays, moins il s'y rencontre d'égalité réelle des conditions, et qu'inversement plus on prend de mesures visant à instaurer une égalité des conditions, moins il subsiste de libertés effectives. Politiquement parlant, tout indique que liberté et égalité fonctionnent comme des vases communicants.

La chose n'est pas difficile à comprendre. Lorsque les citoyens d'un pays se voient garantir les principales libertés individuelles (libertés civiles et politiques, liberté de conscience, d'expression, d'association, de mouvement, de religion, liberté d'entreprendre et de faire du commerce, etc.), il s'ensuit inévitablement une multiplication de différences dans tous les secteurs d'activité. Les libertés économiques, en particulier, s'accompagnent forcément d'un enrichissement très variable selon les individus, source d'une inégalité des conditions socioéconomiques qui serait impossible à contrecarrer sans l'imposition d'entraves radicales à l'exercice de la libre entreprise. En outre, alors que la liberté la plus étendue semble compatible avec les lois sociologiques et avec la nature humaine, tout indique que la réalisation d'une véritable égalité des conditions, but avoué de maintes utopies, est un but impossible à atteindre — avec pour résultat que les régimes libéraux renoncent plus ou moins à leurs éventuels objectifs égalitaires, tandis que les régimes égalitaristes détruisent les libertés mais sans jamais parvenir pour autant à réaliser une égalité digne de ce nom.

À ce point, il ne faudrait pas imaginer que l'adhésion aux principes de ce qu'on appelle parfois la « realpolitik » reposerait seulement sur des critiques négatives qu'on serait en droit d'adresser à ceux qui voudraient promouvoir une voie morale en politique. Indépendamment de ce qu'on peut penser du projet d'une politique « moralisée », la realpolitik a le mérite de correspondre aux faits, aux besoins réels, et de pouvoir être comprise de tous, peu importe leurs convictions religieuses ou leurs valeurs. D'une certaine manière, c'est donc moins parce que les autres positions seraient trop idéalistes que parce qu'elles se révéleraient, en dernière analyse, moins rationnelles, qu'il s'avère préférable d'adopter la perspective réaliste. En effet, on ne voit pas comment satisfaire les critères d'une approche à la fois simple, rationnelle et efficace autrement que par la realpolitik. La raison incite à reconnaître qu'il existe des lois objectives de l'action collective, comme le confirment par exemple l'histoire diplomatique, la politologie, l'économie générale, la théorie des jeux (pensons au dilemme du prisonnier), etc., seule une approche « réaliste » de l'action historique étant adaptée à la prise en compte des conflits, incertitudes, exigences ou calculs d'intérêts inhérents à la vie collective. Si louables en soient les intentions, toute autre position désireuse de ménager une place prédominante aux valeurs éthiques serait à cet égard inutilement abstraite ou complexe, et donc beaucoup moins « rationnelle », au sens où elle supposerait des structures sociales et historiques difficilement applicables ou pratiquement impossibles à gérer, comportant trop de variables non contrôlables, reposant sur des notions qu'il faudrait sans cesse réinterpréter, etc. Partant, la realpolitik semble bien être positivement la conception répondant de la manière la plus adéquate à des critères strictement rationnels, quels que soient les mérites philosophiques des autres approches.

Bref, ce que suggère un examen suffisamment détaché et rationnel des choses, c'est que, dans le champ strictement politique, tout discours sur les valeurs se trouve nécessairement frappé d'une sorte de nullité. La séduction intellectuelle exercée par l'invocation des valeurs morales, lorsqu'on la laisse s'immiscer indûment dans le domaine des activités politiques, qui par nature leur est étranger, devient illusoire et périlleuse. La leçon à tirer de ces considérations paraît donc peu discutable : politique et éthique sont deux domaines nettement distincts et séparés, qu'on a intérêt à ne pas confondre. La politique a ses propres règles, qui ne sont pas celles de la morale. Ce qui compte dans la sphère de l'action politique, ce ne sont pas les valeurs éthiques ni les principes moraux, mais les résultats — le développement économique, la victoire, le bien de la nation, l'accomplissement de grands projets et de grandes œuvres, la pacification civile, etc. La politique est toujours une forme de guerre surmontée, transposée en un jeu organisé de puissances. Le principe du politique est la nécessité, qui ne connaît d'autres règles que celles de la raison d'État et de la réussite. Les fins du bon gouvernement relèvent de justifications sans commune mesure avec le bien individuel. Qu'on s'en désole ou non, il est à prévoir que les rêves des Justes et l'aventure des Pouvoirs ne se rencontreront jamais.

La politique doit être soumise à la morale

On peut le déplorer, mais il existe toute une tradition de pensée visant à nous convaincre que l'action politique impliquerait inévitablement « qu'on se salisse les mains » — qu'on mente, qu'on trompe, qu'on tue, qu'on vole, ruse et trahisse, etc. La politique, selon ceux qui adhèrent à cette conception, est ainsi faite qu'elle serait nécessairement immorale ou, à tout le moins, amorale. Dans cette optique, on soutient que les valeurs et les règles éthiques n'auraient de validité que pour les individus, les sujets ou les citoyens, mais certainement pas pour les princes, les gouvernements ni les États, soumis exclusivement à des considérations pragmatiques d'efficacité ou de réussite. C'est là admettre et valoriser ce qu'on baptise quelquefois, en reprenant un terme allemand, la « realpolitik ».

Pourtant, quoi qu'en disent fréquemment ces penseurs d'inspiration machiavélienne ou « réaliste », il ne paraît absolument pas évident que la morale ne doive, par définition, concerner que les actions individuelles de nature privée. De prime abord, une telle conception semble au contraire relativement arbitraire et infondée : on voit mal, en effet, pourquoi le champ d'application des valeurs éthiques ne devrait pas s'étendre, en principe, à toute l'action humaine, collective autant qu'individuelle, publique aussi bien que privée. En outre, seules de très puissantes raisons, dont on ne voit pas qu'elles soient solidement établies, pourraient justifier la conclusion que l'univers de la politique serait par nature et pour toujours condamné aux seuls rapports de force, aux considérations d'efficacité et à la soi-disant « règle » selon laquelle la fin justifierait tous les moyens.

À ce compte, d'ailleurs, pourquoi ne reconnaîtrait-on pas également que le domaine des relations interindividuelles serait lui aussi irréductiblement réfractaire à l'entreprise de moralisation ? Bien souvent, aujourd'hui même, partout autour de nous, dans l'existence réelle, pour atteindre leurs avantages égoïstes ou défendre leurs intérêts personnels dans des affaires privées, d'innombrables êtres humains se mentent, s'exploitent, se volent, se trompent, se tuent, se maltraitent et se font souffrir avec une constance aussi manifestement immorale que parfaitement avérée. De plus, il y a bel et bien, dans la vie effective des gens, de nombreuses situations individuelles qui sont à ce point complexes, tragiques et urgentes qu'elles ne peuvent apparemment se régler sans quelques entorses graves à telle ou telle règle morale habituellement reconnue. La logique dont se réclame une telle conception du politique peut tout autant prévaloir dans les rapports privés ou interindividuels, et pour les mêmes motifs.

Faudrait-il voir là des raisons suffisantes pour décréter purement et simplement l'éthique inapplicable et nous résigner à la loi de la jungle ? L'œuvre morale vise précisément à contenir et civiliser, tant bien que mal et avec un succès variable, de tels états de choses pourtant bien réels et probablement inévitables dans une certaine mesure. Pourquoi cette entreprise difficile et incertaine de moralisation des conduites humaines serait-elle justifiée dans le cas des relations interpersonnelles mais devrait-elle être réputée inacceptable ou impraticable dans celui des rapports sociaux ou politiques ? Le moins qu'on puisse dire, c'est que la réponse est loin d'être claire.

Bref, en première approximation, il semblerait beaucoup plus raisonnable de penser que, à des degrés divers, le mépris des règles morales et le règne de la force se présentent à nous comme étant de l'ordre soit du fait, soit de la nécessité — et ce aussi bien dans l'action privée que dans l'action politique —, mais sans que cela en fasse pour autant une loi d'airain absolue, à laquelle il serait totalement absurde ou vain de chercher à s'opposer. Ne pourrait-on pas être porté à en déduire, par exemple, qu'il est dans la nature propre de l'humain d'être divisé ou déchiré entre, d'une part, diverses tentations égoïstes ou violentes et, de l'autre, certaines aspirations altruistes et pacifiques, sa plus belle caractéristique étant la perfectibilité ?

Qu'il en soit ainsi, presque tout le monde l'admet sans difficulté lorsqu'il est question du champ de l'action interpersonnelle : les humains sont *à la fois* partiellement égoïstes et partiellement moraux, en proportion changeante selon les individus et les circonstances. Pourquoi devrait-on renoncer à envisager l'action collective dans les mêmes termes ? Pourquoi la vie politique, qui relève après tout de la même condition humaine complexe et contradictoire, ne serait-elle pas elle aussi, pour une part, violente *en fait ou par nécessité* et, pour une autre part, morale *idéalement ou en droit* ? Pourquoi le progrès moral serait-il exclu en politique ? Quel que soit le champ d'activité concerné, l'être humain reste le même, soumis aux mêmes tensions ou conflits, déchiré entre ses intérêts et ceux d'autrui. Que les autres soient des individus, des groupes ou des nations ne change rien à la fondamentale ambiguïté des motivations humaines.

Une approche exclusivement cynique et pessimiste de la politique mutile de manière illégitime notre expérience historique en méconnaissant, sans raisons valables, cette tension dynamique qui nourrit toute l'action humaine, tantôt attirée vers le bas (égoïste ou mesquine) et tantôt aspirée vers le haut (généreuse ou altruiste), de façon complémentaire et indissoluble. D'ailleurs, à y regarder de plus près, on constate que les penseurs qu'on qualifie de « réalistes » ne restent pas longtemps étrangers à toute considération morale. Apparemment, aucun d'eux ne serait disposé à prétendre que Néron ou Idi Amin Dada aient été des hommes d'État exemplaires ni que les viols massifs soient une tactique acceptable en temps de guerre. Ils soutiennent peut-être que la fin justifie les moyens, mais cela ne les empêche pas de distinguer entre des fins supérieures et légitimes, celles-là mêmes que le droit naturel regroupe traditionnellement sous le nom générique de « bien commun », et d'autres fins, qui seraient illégitimes ou inférieures, comme la jouissance sans frein d'un pouvoir arbitraire ou l'enrichissement personnel des gouvernants au détriment des finances publiques.

De là à comprendre que l'action politique est d'autant plus positive, valable, réussie ou fructueuse à long terme qu'elle se conforme davantage à certaines normes éthiques, généralement incarnées sous quelque forme juridique (droits de la personne, constitution d'un État de droit, respect des libertés, conventions de Genève sur le droit de la guerre, justice internationale, punition légale de la corruption et du népotisme, etc.), il n'y a qu'un pas. La vérité, c'est qu'aucun pouvoir ne peut s'exercer efficacement et légitimement, si ce n'est en vue de l'intérêt collectif bien compris et du véritable bien commun : or, il est incontestablement dans l'intérêt collectif que les mauvaises actions (toutes les mauvaises actions, y compris celles des autorités en place) soient condamnées, et il n'est certainement pas conforme au bien commun que les règles morales reconnues soient enfreintes, peu importe la puissance de ceux qui se rendraient coupables de telles infractions. Souveraineté ne peut signifier absence de devoirs ni domination sans limites. Le pouvoir ne se justifie qu'au service de la réalisation du bien public et conformément aux principes de la justice et de l'honnêteté. Sans vertu, pas de bon gouvernement.

À bien y penser, il n'y a là rien de surprenant. Le grand défi que doit résoudre tout peuple désireux de vivre en société, conformément aux penchants naturels de notre espèce et aux besoins fondamentaux de tout groupe humain, c'est celui d'en arriver à établir et à maintenir une organisation acceptable et efficiente de l'autorité politique, cette dernière étant une nécessité incontournable — à tout le moins dès qu'un certain seuil démographique est franchi. Les objectifs qu'une société poursuit dans une telle démarche, et auxquels doit être subordonnée l'autorité politique en question pour apparaître comme légitime et avoir des chances raisonnables de survie et de succès, sont des objectifs qu'on peut décrire sans aucun abus de langage comme « moraux ». Énumérons-en simplement quelques-uns.

Le premier serait sans doute l'organisation de la meilleure entraide possible entre tous les membres de la société au service de la civilisation la plus avancée et la plus complète accessible dans les conditions objectives données. Ce genre d'objectif suppose l'érection d'un corps gouvernant propre à susciter une adhésion durable des populations qui seules, en acceptant son autorité, sont en mesure de lui conférer, par leur soumission volontaire, une légitimité suffisante. Le terme ultime de toute la sphère d'action politique qui en résulte, c'est avant tout la laborieuse et incertaine recherche d'une synergie dynamique entre, d'une part, les besoins et les aspirations des individus et des groupes, et d'autre part les circonstances, accidents et conséquences (favorables ou nuisibles, justes ou injustes) des phénomènes naturels ou sociaux donnés par l'histoire, avec ce que cela suppose d'équilibre ou de compromis entre les divers programmes, méthodes ou moyens mis en avant par les différents intervenants, internes et extérieurs, en présence.

Un tel ensemble de buts collectifs est en tout point conforme à la morale naturelle. L'une des conditions en est évidemment le maintien de l'ordre et la pacification de la société, ainsi que la préservation de l'existence même de la communauté et de la continuité du lien civique. Cela suppose l'établissement d'un régime stable et la sauvegarde des institutions, ainsi que l'aménagement d'une coexistence harmonieuse entre une pluralité, parfois divergente, d'intérêts et d'opinions. Que voit-on alors d'immoral, ou même d'amoral, dans la promotion de l'intérêt général et du bien commun, dans la saine gestion du patrimoine collectif, dans la prévoyance et la résolution des crises, dans la recherche raisonnable de la prospérité et de la grandeur du pays, dans la prévention d'éventuelles attaques extérieures ? Loin d'être fondée par nature sur la violence ou sur le crime, la politique bien comprise apparaît plutôt comme un art humaniste.

Naturellement, il existe une voie sûre pour justifier la thèse selon laquelle la vie politique serait étrangère aux valeurs morales : cultiver, consciemment ou non, une conception angélique et irréaliste de ces dernières. Il suffit de mythifier l'ordre des idéaux moraux, en en faisant d'inaccessibles absolus, inséparables d'une pureté aussi parfaite qu'introuvable. C'est toutefois là une impasse dangereuse et complètement injustifiée. En effet, il va de soi que la morale n'a de sens que dans la mesure où des médiations sont tissées entre l'horizon abstrait des valeurs idéales et les conditions complexes, ambiguës et contradictoires de la vie réelle dont elle a pour fonction première d'assurer une amélioration effective.

Quant à l'idée, chère aux « réalistes », selon laquelle la fin justifierait les moyens, le moins qu'on puisse dire est qu'elle est mal formulée et ne permet, sous cette forme elliptique et équivoque, aucune conclusion digne d'intérêt. Car cela signifie-t-il que toute fin quelle qu'elle soit, une fois choisie par un agent doté de la puissance requise pour s'atteler à sa réalisation pratique, justifierait n'importe quel moyen efficace ? Le plaisir du tyran fou qu'était Néron permettrait-il, à ce compte, l'incendie de Rome et le racisme des nazis justifierait-il l'extermination du peuple juif dans les camps de la mort ? Ou bien ne faudrait-il pas plutôt entendre que, une fois mise en balance avec toutes les autres valeurs moralement significatives en jeu dans la situation considérée, toute fin moralement légitime justifie le recours à des moyens raisonnables, nécessaires et proportionnés, même si dans d'autres circonstances certains de ces moyens ne sauraient être acceptables ? On voit immédiatement que ce n'est plus du tout la même chose et que selon ce deuxième sens, que ce soit dans la vie personnelle ou dans l'action politique, la fin justifie évidemment les moyens *dans une certaine mesure*. Pour le saisir, reprenons l'exemple classique du mensonge de nécessité.

Admettons, puisque peu de gens sérieux et éclairés le contestent, que dire le vrai soit une valeur positive et mentir une mauvaise action. Supposons à présent qu'une personne dont nous estimons avoir d'excellentes raisons de la juger sincère et innocente, se disant poursuivie par des criminels meurtriers, nous a demandé refuge et se trouve dans notre cave. Un inconnu frappe à la porte et veut savoir si nous n'aurions pas vu quelqu'un dont la description correspond exactement à celui que nous abritons. À notre connaissance, si nous disons la vérité, un innocent risque de mourir aux mains des méchants. Si par contre, à défaut de pouvoir assommer ou autrement neutraliser notre interlocuteur, nous lui mentons, nous réussirons peut-être à sauver une vie.

Dans de telles conditions, que nous dicterait la conscience morale commune ? Vraisemblablement quelque chose comme : « Efforce-toi d'être constamment une personne honnête et véridique ; ne mens jamais, surtout pas pour servir ton avantage égoïste aux dépens d'autrui, et dis toujours la vérité, sauf dans le cas où des intérêts manifestement supérieurs et pressants exigeraient de toi, en ton âme et conscience, de déroger exceptionnellement à ce devoir afin de préserver des valeurs absolument prioritaires, comme la sauvegarde de la vie d'un tiers innocent. » Tant il est vrai qu'une fin *morale* peut justifier ses moyens — du moins dans le second sens énoncé plus haut : *une fois mise en balance avec toutes les autres valeurs moralement significatives en jeu dans la situation considérée, toute fin moralement légitime justifie le recours à des moyens raisonnables, nécessaires et proportionnés.*

Si cela est valable dans notre simple exemple individuel, a fortiori l'action politique n'échappe pas à ce genre de considérations. Mais on devrait comprendre à présent que cela n'implique aucunement qu'elle soit étrangère à la morale. Au contraire, son caractère extraordinairement complexe, conflictuel et potentiellement violent l'expose à se trouver impliquée sans relâche dans une interminable série de tels dilemmes, souvent tragiques et quelquefois insolubles. Tuer son prochain est l'un des plus grands crimes, et pourtant la légitime défense peut faire qu'il y ait des guerres justes. Le respect des libertés civiques est un principe fondamental des démocraties, et pourtant, face à une subversion menaçante ou à une sédition violente, leur suspension temporaire durant un état de siège peut être un moindre mal acceptable. Et ainsi de suite — sans que rien ne puisse jamais, pour autant, justifier l'apartheid ni les massacres de Staline.

Quand de telles données éthiques fondamentales du champ politique seront mieux comprises, on trouvera probablement insolite la thèse d'une séparation radicale entre l'univers des valeurs et celui de l'action collective. Le seul fossé qui subsiste ici, c'est celui, malheureusement aussi réel et commun qu'il est dramatique, entre l'idéal et la pratique. Mais on sait trop qu'il est inhérent à toute forme de morale appliquée quelle qu'elle soit, peu importe que les situations considérées soient individuelles ou collectives, privées ou publiques.

Non seulement politique et valeur morale ne sont-elles pas étrangères l'une à l'autre, mais un des rôles fondamentaux du pouvoir politique consiste en l'actualisation ou la réalisation des valeurs devant organiser la vie commune et un grand nombre de ces valeurs exercent, en fait, un véritable pouvoir constituant dans le domaine politique.

C'est le cas, entre autres, de la solidarité, de la paix, de la justice, du progrès, de la liberté, du bien-être physique et moral, de la prospérité, de l'égalité, de la sécurité, de la dignité de la personne — la liste, en fait, est virtuellement interminable. Bien entendu, il faudrait une inconcevable naïveté pour croire que toute bonne politique doive être « morale » en ce sens qu'elle réaliserait intégralement toutes ces valeurs, à défaut de quoi il conviendrait de l'exclure du champ de la moralité! Par ailleurs, il faudrait une incroyable méconnaissance de la portée du politique pour le réduire au strict maintien de l'ordre et à sa conservation. L'action collective consiste plutôt à rechercher des modalités ou formules, imparfaites mais praticables, de complémentarité relativement optimale entre nos principales valeurs, comme c'est le cas par exemple entre liberté et égalité dans les sociétés démocratiques modernes à économie mixte. Cela ne va ni sans échecs ni sans compromis.

Par exemple, constater qu'abstraitement liberté totale et égalité pure soient incompatibles ne nous avance pas à grand-chose. L'important est que des combinaisons viables entre ces deux idéaux puissent être expérimentées et aménagées, conciliant le moins mal possible un maximum de degrés et formes de liberté avec un maximum de respect et de promotion de l'égalité des droits, des chances et des conditions. Tout indique en effet que le meilleur régime politique envisageable dans des conditions historiques données est celui qui combine, aussi harmonieusement que possible compte tenu des circonstances, la plus grande part de liberté souhaitable apparaissant compatible avec le plus grand respect tolérable envers l'égalité des droits et des chances pour tous. Cela ne fait pas de la société un paradis où une pleine liberté se marierait miraculeusement à une totale égalité. Mais la morale suppose-t-elle vraiment une perfection qui n'est pas de ce monde ?

Loin d'étayer la thèse d'une scission inéluctable entre politique et valeurs, l'expérience suggère que les idéaux ont, au total, constitué historiquement un puissant facteur de progrès. Même l'invocation rituelle des dangers de l'utopisme peut sembler à cet égard excessive. En effet, de nombreuses utopies ne se sont-elles pas révélées des sources d'inspiration fructueuses pour la pratique ? Il est parfois des projets utopiques viables — au prix d'ajustements et de concessions, certes, mais n'est-ce pas le lot commun de tout idéal ? Les utopies politiques ne finissent mal que lorsqu'elles sombrent dans le fanatisme et se détournent de toute considération morale, justement ; mais cela ne leur est pas propre : ne pourrait-on en dire autant des doctrines les plus conservatrices qui, appliquées par des tyrans assoiffés de pouvoir et prêts à l'arbitraire, ont elles aussi régulièrement conduit plus d'un peuple à des bains de sang et à une misère sans nom ?

Un facteur qui incite souvent à conclure à la non-moralité inévitable de la sphère du politique, c'est l'inexistence d'une autorité et d'une juridiction supranationales capables d'appliquer des pénalités effectives aux États qui se conduisent de manière manifestement inhumaine. Il est tout à fait clair qu'en l'absence d'obligations instituées et de sanctions infligées, au besoin par la force, aucune morale, qu'elle soit privée ou publique, n'a jamais eu beaucoup de chances de s'imposer à un degré significatif. Les périodes de guerre civile, de vacance révolutionnaire du pouvoir, d'effondrement des institutions à la suite d'une conquête destructrice, etc., le prouvent abondamment : la loi de la jungle refait surface chez l'être humain avec une aisance proprement désespérante dès que tout cadre de civilisation s'estompe. Mais que doit-on en conclure ? Non pas que la politique ne serait, par nature, pas susceptible d'être moralisée. Simplement que sa moralisation passera nécessairement, tôt ou tard, par la mise sur pied de ces mêmes autorités et juridictions dont le défaut explique la persistance de tant de crimes contre l'humanité, exactement comme une carence de police ou de prison expliquerait la généralisation du vol et du meurtre. Cependant, il en est de la politique comme de la morale : l'éducation y joue un rôle qui demeurera fondamental, assurant la transmission des valeurs dont l'actualisation est le meilleur garant de l'amélioration de la société. La qualité de vie de l'humanité dépend largement d'une telle éducation morale et politique.

Que de telles institutions soient plus que souhaitables, la conscience contemporaine en est généralement convaincue. Qu'elles soient réalisables paraissait tout à fait utopique il n'y a pas si longtemps, mais des expériences comme celles de la Société des nations et de l'ONU, ou encore celles des tribunaux de Nuremberg ou de La Haye, sont venues depuis montrer une fois de plus que ce qui passait pour impossible ne l'était peut-être pas complètement. À cet égard, il est loisible de penser que la supposée amoralité de la vie politique n'est qu'un phénomène historique contingent, qui non seulement pourrait changer mais qui a déjà commencé à le faire. La reconnaissance récente d'un droit d'ingérence ou d'intervention, de la part de la communauté internationale, dans des conflits internes ou non, constitue certainement un tournant de l'histoire récente et mouvementée d'une moralisation progressive du comportement des États.

Il n'en va pas autrement en ce qui concerne la politique intérieure et le bon fonctionnement des régimes démocratiques. Partout, la primauté du droit tend à s'imposer. Des lois viennent encadrer de plus en plus sévèrement le financement des partis politiques, la fraude électorale est de plus en plus sanctionnée, ainsi que les actions des groupes de pression et autres lobbyistes, tout lien douteux entre pouvoir et argent se traduisant, de plus en plus souvent, par des « affaires » qui aboutissent devant les tribunaux. Paradoxalement, le fait que l'opinion publique juge les politiciens corrompus traduit non pas une aggravation de l'immoralité publique, mais au contraire une montée irréversible de l'exigence éthique dans nos sociétés.

Au passage, il importe de souligner que les conditions du monde moderne ne cessent de multiplier les occasions d'interaction entre décisions politiques et considérations éthiques. Les progrès scientifiques et techniques, en particulier, ont introduit une quantité imprévue d'innovations extrêmement problématiques, qui n'ont pu trouver d'autre instance de régulation que le législateur. Le résultat en est que l'univers politicien a de plus en plus fréquemment à connaître des questions moralement très délicates sur lesquelles il sollicite des avis de nature éthique. On observe d'ailleurs, un peu partout dans le monde actuel, la multiplication de divers types de comités aviseurs en ces matières.

Au total, la thèse d'une incompatibilité d'essence entre politique et morale ne tient donc absolument pas. Depuis les révolutions américaine et française, les déclarations des droits

220 *Débats philosophiques*

humains, les réglementations portant sur les relations internationales, les poursuites contre les dictateurs ou autres coupables de crimes de guerre ou crimes contre l'humanité, tout indique que la vie politique est entrée dans un lent processus de moralisation croissante. La conscience universelle tolère de moins en moins l'arbitraire, la tyrannie et la cruauté. La conception selon laquelle l'action collective doive être au service des valeurs éthiques et que la politique tombe sous le jugement de la morale est de plus en plus facilement admise dans le monde actuel. Il faut certainement y voir un signe encourageant de progrès. Morale et politique sont intrinsèquement liées l'une à l'autre dans leur principe même. Elles ne cessent de se rapprocher, lentement et imparfaitement, certes, mais selon une tendance historique suffisamment forte pour pouvoir être désormais considérée comme irréversible — témoignage de la perfectibilité humaine.

X

La vie a-t-elle un sens ?

Quelle signification donner à nos existences ?

(Un débat télévisé)

L'animateur : Bonsoir à tous. Aujourd'hui, nous avons le plaisir d'accueillir deux philosophes bien connus, Max Trauer et Jeanne Menotti, qui ont accepté de venir réfléchir et débattre entre eux sur le thème de cette émission : « La vie a-t-elle un sens ? » Sans plus attendre, j'aimerais m'adresser, pour commencer, à M. Trauer afin de savoir ce qu'il pense de cette question…

M. Trauer : Eh bien, justement, c'est à propos de la *question* elle-même que j'aurais de sérieuses réserves. Oh, je reconnais que, lorsque nous entendons formuler ce problème du sens de la vie, nous avons plus ou moins l'impression de bien le comprendre. La raison en est peut-être que c'est un sujet ancien, traditionnel, presque courant. Mais arrêtons-nous un instant sur les termes auxquels nous avons affaire.

Que veut dire ici le mot « sens » ? Pour commencer, nous pouvons manifestement écarter l'interprétation usuelle de ce terme, qui serait strictement sémantique : on ne se demande pas, en philosophie, quel est le sens du mot « vie », comme le ferait un étranger qui, maîtrisant mal la langue française, nous montrerait une phrase sur laquelle il bute en nous posant la question : « Quel est le sens de "la vie" ? » Dans cette situation, nous saurions parfaitement ce que signifierait le mot « sens », à savoir les réalités, idées et concepts qu'un signe ou une expression représente, évoque ou désigne. Mais bien entendu, dans le cas qui nous occupe ici, les philosophes ne s'inquiètent pas de l'interprétation à donner au mot «vie» lui-même, ce serait trop simple.

Alors de quoi peut-il s'agir? Eh bien, à mon avis, la difficulté, c'est qu'il s'agit au fond de quelque chose de passablement vague et nébuleux. Pour nous en apercevoir, il suffit de considérer quelques exemples. «Ma vie a perdu tout son sens», songe le prisonnier innocent qui pourrit depuis quarante ans dans le camp de concentration d'une dictature totalitaire. Il veut sans doute dire à la fois: je vais mourir sans avoir pu réaliser ce que j'aurais souhaité, mes projets, mes plans; je n'ai pas pu mener une existence normale, humainement satisfaisante; ce qui m'arrive est injuste et incompréhensible; un monde dans lequel une chose pareille peut se produire est irrationnel et injustifiable; mes gestes n'ont plus aucun but ni aucune valeur à mes propres yeux ni aux yeux d'une personne saine d'esprit.

Au même moment, ailleurs, un autre prononce peut-être une causerie pour expliquer que «c'est la foi en Dieu qui a donné un sens à sa vie». Celui-là veut vraisemblablement dire que, depuis qu'il est devenu croyant, il a trouvé une motivation, une raison de vivre, un idéal, un ensemble d'explications, une espérance, un système de valeurs. Pendant ce temps, «Je vois bien que cette vie n'a aucun sens!», s'exclame un adolescent désabusé, envahi par l'impression que tout autour de lui n'est que routine, vanité, mensonge, violence, laideur, méchanceté, égoïsme, mesquinerie et avidité…

On le verrait d'autant mieux qu'on multiplierait de semblables exemples: plus on examine son application dans ce genre de pensées, et plus ce terme de «sens» paraît devenir polysémique, flou et difficile à cerner: il évoque tout un complexe de notions variées et protéiformes telles que but, valeur, justification, résultat, intelligibilité, intention, direction, normalité, destination, fonction, projet, aboutissement, explication, finalité, achèvement, etc. Le moins qu'on puisse dire, arrivé à ce point, c'est que la soi-disant question philosophique du *sens de la vie* risque fort d'être tellement surchargée, confuse et éclatée qu'elle en devient inutile et dangereuse.

Mais ce n'est pas tout. Malgré son imprécision, toute cette constellation de notions conserverait peut-être une portée acceptable si elle était appliquée à l'intérieur d'une ou de quelques vies personnelles. Dans ce cas, en effet, on peut comprendre que c'est par rapport à nous-mêmes que nous recherchons une certaine dose de ces divers facteurs que sont la valeur, l'intelligibilité, etc. Si je désirais être artiste peintre et père de famille, alors que je suis devenu un éboueur sans enfants, on peut admettre que j'en vienne à juger ma vie « vide de sens ». Nos actions ont certainement un ou des « sens » relativement à notre idéal personnel, à notre culture, aux mœurs de notre époque et ainsi de suite.

Malgré son côté passablement métaphorique et multiforme, je serais donc prêt à admettre que la recherche du sens de chacun de nos gestes puisse avoir une certaine validité psychologique ou morale. Nos choix, nos actions, nos souffrances, nos aventures ont plus ou moins de sens par rapport à nos vies, par rapport à ce qu'est une vie humaine. Mais la vie elle-même, par contre, par rapport à quoi pourrions-nous lui chercher un « sens » ? Cette quête d'un prétendu sens ultime, absolu et universel me paraît malheureusement se perdre dans le vide. Quand on demande si l'*existence en général* a un sens, il me semble qu'on vient de sortir de toute logique possible : aucun sens n'existe sinon par référence à autre chose. Or, par rapport à *quelle* autre chose la vie elle-même aurait-elle ou non du sens ?

Voilà la leçon provisoire que je voulais suggérer pour commencer : avant de chercher si la vie a un sens, il serait sans doute plus sage de nous demander d'abord si la question elle-même en a vraiment un ! Ce ne serait pas étonnant, d'ailleurs, si nous finissions par conclure que c'est un faux problème. En effet, je suis convaincu que beaucoup d'interrogations philosophiques traditionnelles ne sont, en dernière analyse, que des pseudo-

problèmes, des questions mal posées par abus des mots ou
détournement de concepts, le résultat de confusions verbales ou
de vertiges langagiers.

L'animateur: Je soupçonne que Mme Menotti ne sera pas du
même avis, n'est-ce pas?

J. Menotti: Absolument pas, en effet. À mes yeux, tout se passe
comme si mon collègue préférait noyer le poisson et s'éviter
ainsi l'effort ou le risque de répondre sur le fond du débat.
La vérité, me semble-t-il, c'est que la quête du sens est une
motivation spirituelle absolument essentielle à la subjectivité
humaine. Échouer à trouver un sens à notre vie nous condamnerait au découragement, au désespoir, à une impression
d'inanité universelle et finalement au néant, dont le suicide
marque l'aboutissement logique dans les cas les plus graves.

En tant qu'être pensant, désirant et voulant, la personne
humaine est constitutivement orientée vers ces modes de
conscience fondamentaux que sont l'intention, la compréhension, le projet, l'évaluation. Tout esprit est intentionnel, il vise
des significations, il se projette vers des réalisations à venir, il
est tendu vers des valeurs. Le sujet n'est pas une simple passivité
enregistreuse, qui se contenterait de constater mécaniquement
ce qui est: je nais, je vis, je meurs, c'est ainsi, les choses sont
ce qu'elles sont, point final. Au contraire, l'esprit est par nature
activité d'interprétation et visée de significations. Sa vocation
la plus profonde consiste à donner du sens.

Oh, mon interlocuteur a certainement raison lorsqu'il nous
fait remarquer qu'il est plus facile de cerner le sens d'un mot
ou même le sens d'un acte que le sens de la vie ou le sens de
l'Être; plus facile de juger du sens d'un choix par rapport à une
vie individuelle que du sens de la vie humaine tout entière. Mais
le fait que son objet devienne de plus en plus complexe à mesure
qu'on s'élève ainsi ne constitue pas une objection valable à l'entreprise de recherche d'un sens. La critique des pièges du langage,
cheval de bataille de certaines écoles de philosophie actuelles,
rencontre là ses limites. Ceux qui en abusent finissent, à leur

tour, par jouer sur les mots dans le but de nous faire croire qu'ils ne comprennent pas ce que pourtant tout le monde comprend. Il me semble qu'il est assez invraisemblable qu'une question aussi vitale, aussi simple et aussi importante que celle du sens de la vie soit purement et simplement dénuée de signification.

Je pense par conséquent que refuser ainsi la problématique métaphysique du sens de notre existence, c'est nous condamner, sans l'avouer, à l'absurdité, au non-sens et à l'insignifiance. À quoi bon vivre, en effet, si nous ne pouvions déchiffrer dans nos vies aucune finalité, aucune mission supérieure, aucun objectif dernier, aucune valeur suprême ni justification ultime ? Et si l'on me réplique que tout sens suppose une référence extérieure, je n'y vois pas non plus une objection. Il me semble tout à fait envisageable que la vie n'ait de sens, en effet, que par rapport à une certaine forme de transcendance, d'au-delà ou d'absolu. C'est d'ailleurs ce que beaucoup des plus grands esprits ont conclu sans y voir aucune contradiction.

La seule chose que tout cela prouve, c'est que la quête du sens est inséparable d'un mouvement de dépassement, et non pas qu'elle soit illogique ni privée de signification. Supposons que je croie, par exemple, que l'existence humaine s'inscrit dans un plan divin, qu'après la mort une justice transcendante sera rétablie et une vie éternelle offerte aux âmes immortelles des défunts, que les valeurs morales ont un fondement surnaturel, que l'univers est le fruit d'une création intelligente à laquelle je peux collaborer au niveau modeste qui est le mien. N'est-il pas parfaitement compréhensible que, dans une telle perspective, cette vie m'apparaisse globalement plus riche de sens que si je devais concevoir l'homme, au contraire, comme issu d'un jeu aveugle de lois mécaniques, simple mammifère à gros cerveau qui apparaît, s'agite puis retourne au néant, vivant et mourant pour rien, par hasard, sans raison ni but ni valeur ?

Comprenez-moi bien : je ne dis pas que ce sens plus riche constituerait une preuve de la vérité des croyances en question. Je ne soutiens pas que Dieu doit exister sous le seul prétexte que cette existence donnerait davantage de sens à ma vie. Pour l'instant, je me place du point de vue choisi par notre interlocuteur et je dis seulement, d'une part, que la question du sens de la vie a elle-même une signification bien claire et tout à fait légitime, et de l'autre, que les réponses qu'on peut lui apporter sont elles aussi dotées d'un sens et d'une valeur philosophiques bien réels.

M. *Trauer* : D'une certaine manière, vous n'avez pas tout à fait tort, mais il faut voir exactement en quoi vous avez raison. Tout ce que vous venez d'établir, c'est que l'esprit humain est porté à ressentir une impression agréable de satisfaction cognitive lorsqu'il parvient à inscrire un phénomène qui l'intéresse — et qu'y a-t-il de plus intéressant pour nous que nos propres vies ? — dans un récit plus vaste qui lui paraisse à la fois logique, compréhensible, intentionnel, familier, rassurant et conforme à ses attentes ou à ses désirs spontanés. C'est d'ailleurs le mécanisme qui est à la base de tous les mythes anthropomorphiques des peuples primitifs ! Au lieu de penser que les choses sont ce qu'elles sont parce que le monde est ainsi fait, on est irrésistiblement porté à se raconter que ce sont des puissances invisibles, des divinités ou des esprits qui les ont volontairement rendues ainsi, et aussitôt, tout nous paraît plus sensé.

Mais peut-on sérieusement en rester là ? Absolument pas. Car le moindre développement de notre esprit critique va nous faire prendre conscience de l'illusion qui est à l'œuvre dans un tel mode de pensée. Prenons un exemple : admettons que ma vie me semble absurde si je disparais totalement à ma mort, mais pleine de sens si mes aventures se continuent pour l'éternité. Pourtant, si nous nous arrêtons pour y réfléchir et remettre en cause cette première *impression narrative*, nous allons constater sans peine qu'il est loin d'être évident qu'une vie éternelle ait *davantage de sens* qu'une vie éphémère ! Pourquoi vivre *toujours et indéfiniment* serait-il mieux que vivre durant un temps limité ? Nous risquerions de sombrer dans un ennui mortel, si vous me passez le jeu de mot…

Continuons dans cette perspective, en écartant par hypothèse la réincarnation, simplement pour voir ce qui arrive dans ce cas. Supposons donc, pour les besoins de cette discussion, qu'avant ma naissance je n'existais tout simplement pas. Si je me retourne vers ce passé infini et que j'y cherche mon « Moi », je ne trouverai que le vide absolu. Durant des milliards d'années, pas de Max Trauer. Néant. Eh bien, ce genre de constatation me fait-il souffrir, me fait-il peur ? Mon inexistence passée est-elle insensée ou entraîne-t-elle l'absurdité de ma vie présente ? Pas du tout. Chaque nuit, d'ailleurs, durant les phases de sommeil profond sans rêves, mon esprit s'éteint presque complètement. Est-ce que cela *ôte du sens* à ma vie diurne ? Si donc, à la mort, mon esprit venait à disparaître totalement et définitivement, en quoi cela priverait-il ma vie actuelle de sa pleine signification humaine ?

Allons plus loin. Postulons que je désire la vie éternelle, que je préfère l'immortalité, que je sois rassuré par la survie de mon âme après la mort physique. Qu'est-ce que cela prouverait quant à la réalité des choses ? Rien. Chacun désire gagner à la loterie, mais des millions de gens perdent à chaque tirage. Dira-t-on que la vie de celui qui gagne a plus de sens, et que celle des perdants est absurde ? Ce serait jouer sur les mots !

À mon avis, c'est exactement ce que fait Mme Menotti. Je crains qu'elle ne confonde « avoir du sens » et « correspondre à nos désirs ». Si la grande question philosophique et religieuse du « sens de la vie » se ramène au problème de savoir si tous nos désirs vont être satisfaits, je dis qu'il y a de quoi sourire. Qui sommes-nous donc, pour nous imaginer orgueilleusement que le réel tout entier devrait se plier à nos attentes ? Personne ne nous a rien promis, nous sommes venus au monde sans garantie, et l'expérience courante nous suggérerait plutôt que la plupart de nos vœux les plus chers ne seront vraisemblablement jamais comblés. Si le fameux « sens de la vie » dépend de la satisfaction de notre soif naïve d'un amour infini, d'une justice parfaite et d'une vie éternelle, les choses se présentent plutôt mal, à mon humble avis.

Paradoxalement, d'ailleurs, tout cela est tellement arbitraire qu'on peut aussi bien déceler un *manque de sens* dans les hypothèses optimistes de Mme Menotti. Comment Dieu s'est-il créé lui-même? Mystère incompréhensible. Que faisait-il avant la création du monde et pourquoi diable a-t-il ressenti le besoin, lui Être parfait et infini, d'engendrer un univers imparfait? Mystère incompréhensible. Pourquoi le mal existe-t-il si nous avons été créés par un Dieu tout-puissant et bon? Mystère incompréhensible. Qu'allons-nous faire durant une éternité infinie? Mystère incompréhensible. Ces mêmes croyances, qui au premier coup d'œil avaient l'air de nous offrir *davantage de sens* parce qu'elles semblaient satisfaire quelques désirs spontanés et irréfléchis, s'avèrent, à la moindre analyse critique, totalement mystérieuses et inintelligibles, pour ne pas dire carrément *dénuées de sens*. Essayer de justifier, compenser ou guérir la soi-disant «absurdité» de notre existence terrestre, animale, imparfaite et finie (mais bien réelle) en faisant appel à une *tout aussi incompréhensible* existence surnaturelle, spirituelle, parfaite et infinie (mais très incertaine), franchement, ça ne me paraît pas une solution bien raisonnable.

Bref, j'en reviens à ce que je disais en commençant: plus on l'examine et plus on découvre que la question du sens de la vie n'a guère de sens!

L'animateur: Dites-moi, Mme Menotti, d'après vous, à quoi reconnaît-on que la vie a du sens et à quoi verrait-on qu'elle en serait privée? Quels seraient, si vous préférez, les facteurs de sens et les facteurs d'absurdité de la vie humaine?

J. Menotti: Il n'y a de sens que pour un esprit, pour un sujet pensant. D'après moi, ce devrait être le point de départ pour toute réflexion sérieuse sur le sens de la vie. À partir de là, il est facile de voir qu'il y a deux niveaux principaux où l'esprit humain peut se placer pour trouver un sens à sa vie.

Une personne peut d'abord lui donner un sens en se fixant des buts et des valeurs au service desquels son action quotidienne sera orientée. Plus ces buts et valeurs seront élevés, nobles et généreux, plus la personne se sentira grandie et justifiée de mener la vie qu'elle a choisie. Aimer ses enfants et son prochain, faire le bien, se rendre utile à la communauté, rechercher la vérité, cultiver la beauté — c'est-à-dire tenter de se rapprocher des valeurs les plus hautes que l'humanité ait été capable de concevoir —, voilà comment nous pouvons donner un sens à nos vies. L'amour, le bien, le vrai, le beau, ce sont des aspirations qui expriment le meilleur de l'esprit, et la vocation de tout sujet est de s'accomplir en tendant vers ces valeurs, en essayant de les réaliser dans ses choix et ses activités de chaque jour.

Le sens de la vie, à ce premier niveau, c'est de croître moralement et spirituellement, de servir des idéaux pleinement humains, de coopérer avec les autres afin de rendre la vie meilleure, plus riche, plus juste et plus belle. Il y a d'autant plus de sens dans une vie qu'elle aura su se mettre ainsi au service de causes transcendantes, qui nous obligent à nous dépasser. On voit donc que le sens de la vie n'est pas donné d'avance, qu'il faut y travailler, le créer par notre action, le produire tous ensemble en étant fidèles à ce qu'il y a de plus exigeant en nous.

Au deuxième niveau, trouver un sens à notre vie suppose que nous découvrions quelle est la place de l'être humain dans l'univers qui nous englobe. Peu importe le nom que nous donnerons à cet englobant — que ce soit Dieu, l'Énergie cosmique, l'Être infini, la Nature, la Vie, l'Humanité ou l'Absolu —, ce qui compte c'est l'harmonie, la réconciliation, la soumission, la fusion avec quelque chose de plus grand que nous, en quoi nous nous confions avec reconnaissance, humilité, espérance et joie. Bien entendu, cela demande de notre part une sorte de saut dans l'absolu, un acte de foi, mais pourquoi faudrait-il voir là un défaut ?

En effet, il faut bien comprendre que ce qui va contribuer à donner un sens à notre existence, c'est précisément le fait même d'avoir accepté ce saut dans la foi : faire le choix de l'espérance et de l'abandon confiant à ce qui nous dépasse, c'est automatiquement gagner du sens. Telle est la logique spirituelle inhérente à notre subjectivité profonde, et nul n'y peut rien changer. Nous sommes ainsi faits que c'est dans le dépassement et la transcendance que nous trouvons un sens. Ce sens n'est pas extérieur ni absolu, il est intime et nous en sommes les agents imparfaits. Mais c'est un sens qui convient à la nature humaine, et que pouvons-nous réclamer de plus?

Arrivé là, vous saisirez sans peine, j'imagine, ce que je pourrais ajouter au sujet de l'absurdité de la vie. Une vie absurde, ce serait une vie coupée ou privée de ces deux sources de sens que je viens d'esquisser. Il me paraît inutile d'insister davantage là-dessus. Ce que je voudrais souligner, c'est qu'heureusement en ces matières tout est affaire de degré. Autant je reconnais que personne, sans doute, ne trouve à la vie un sens absolument parfait, autant j'espère qu'aucune vie n'est jamais intégralement absurde.

L'animateur: Et vous, M. Trauer, que diriez-vous?

M. Trauer: Oh! vous savez, après avoir dénoncé la question comme je l'ai fait, il me paraît un peu saugrenu de prétendre y apporter une réponse... Pour moi, l'existence n'est pas un rébus qu'il s'agirait de déchiffrer, une équation difficile qu'il faudrait résoudre. Quoi qu'il en soit, je ne me déroberai pas à votre interrogation et je veux bien tenter, en évitant autant que possible le terme de «sens», de vous expliquer comment je conçois la vie humaine.

Cela dit, si malgré tout il me fallait absolument employer le mot «sens», je sais comment je m'exprimerais. Le poète portugais Fernando Pessoa a écrit, sous son pseudonyme d'Alberto Caeiro, dans *Le gardien de troupeaux*: «Les choses ne veulent rien dire, elles se contentent d'exister,/Les choses sont l'unique sens secret des choses.»

Eh bien, je l'imiterais et je vous dirais: le sens de la vie, c'est la vie elle-même. Nous sommes des êtres vivants, produits d'une longue évolution cosmique puis biologique, caractérisés entre autres choses par l'intelligence et la pensée symbolique. Nous naissons, nous vivons plus ou moins longtemps et plus ou moins bien sur cette petite planète bleue perdue dans l'immensité de l'univers, puis nous finissons tôt ou tard par disparaître.

Rien n'indique que nous ayons une mission divine ou transcendante à accomplir. Certains jours, il nous arrive de ressentir le simple fait d'être en vie comme une sorte de miracle qui nous emplit de joie, et cela suffit. En général et dans des conditions favorables, nous aspirons spontanément au bien-être ou au bonheur et nous ressentons naturellement une certaine sympathie pour nos proches et pour nos semblables. Si nous réussissons à nous laisser guider par ces tendances et si l'adversité aveugle ne vient pas nous écraser, nous pouvons mener une existence relativement bien remplie et satisfaisante.

La vie est un voyage, une aventure, une suite de projets, de travaux et d'efforts auxquels nous attribuons des significations tantôt positives, tantôt neutres et tantôt négatives. Nous cherchons parfois à donner le meilleur de nous-mêmes et à accomplir de grandes choses, d'autres fois à éviter les souffrances et à cheminer paisiblement, sans plus. Que rechercher de mieux ? «Ce qui compte, disait Gœthe, ce n'est pas d'atteindre le but, c'est de vivre la route…» Je crois qu'il avait raison. Aimons la vie autant que nous le pouvons ; vivons aussi agréablement et intensément que cela nous convient ou nous est donné ; évitons autant que faire se peut la souffrance, pour nous-mêmes comme pour autrui, et luttons contre le désir de nuire et les besoins factices ; adonnons-nous généreusement aux activités qui nous intéressent et ménageons notre bien-être, tout en faisant aux autres le moins de tort possible ; combattons loyalement pour les causes auxquelles nous croyons en notre âme et conscience ; contribuons prudemment à améliorer la qualité de notre existence collective en transformant le monde et en réformant la société ; cultivons devant l'inévitable une sagesse de la résignation ; allons de l'avant, au fil des jours, le plus simplement et le plus authentiquement possible. Vivons et aidons à vivre : n'en demandons pas davantage. Il n'y a sans doute pas de *pourquoi ?* ultime, de raison d'être absolue, de destination transcendante. Et après ? Acceptons nos limites et contentons-nous donc de bien faire l'humain, de bien vivre. Que notre existence soit brève ou infinie, temporelle ou éternelle, sachons d'abord être heureux ici et maintenant.

Je ne sais pas si c'est là une réponse valable à la question du « sens de la vie ». Mais c'est, en tout cas, ce qui en tient lieu pour moi…

J. Menotti : Si vous le permettez, j'aimerais faire un commentaire à propos de ce qui vient d'être dit. Pour moi, le mot « sens » évoque aussi l'idée d'une direction, comme lorsqu'on parle du « sens d'une rue ».

Eh bien, je crois qu'il faudrait aborder la question en adoptant une optique semblable. Dans quelle *direction* va la vie, vers quoi s'oriente-t-elle ? Le néant ou une nouvelle étape ? La mort ou l'éternité ? Envisagé sous cet angle, le problème devient cruellement clair. Car il ne fait guère de doute à mes yeux qu'aller au néant c'est proprement n'aller nulle part, se diriger vers rien, et donc n'avoir aucun sens positif.

C'est pourquoi, selon moi, nous devrions ici privilégier la perspective de l'espoir plutôt que les dimensions de la logique ou du réalisme, auxquelles en revient systématiquement mon collègue. Donner un sens à sa vie est moralement incontournable. En le faisant, nous manifestons notre grandeur spirituelle, nous nous insurgeons contre l'absurde, nous revendiquons des valeurs supérieures, nous sommes fidèles au mouvement profond de notre cœur. Même si nous manquons de preuves scientifiques, nous avons raison de le faire, parce que nous nous élevons en le faisant, parce que nous nous montrons ainsi à la hauteur des plus nobles exigences de notre âme.

Tant pis si les apparences sont contre nous. Notre revendication et notre acte de foi nous ennoblissent et c'est un signe qui devrait nous guider dans notre choix. Car la personne humaine, dans ce qu'elle a de plus intime, est indissociable de l'aspiration à un au-delà, à une transcendance. Notre foi philosophique ne fait que prolonger, dans ce qu'elle a de mieux, cette vocation humaine au dépassement. Elle nous appelle à la fois à respecter le caractère tragique de notre condition, à accepter humblement la part de mystère qu'elle comporte, à oser parier contre le non-sens et à faire confiance à la vie lorsqu'elle aspire à se parfaire sur un autre plan. Dans cette sphère de la quête spirituelle, tout excès de rationalisme risquerait de tuer l'espérance, notre bien le plus précieux. Elle seule nous élève à la dignité d'un sens, et il n'est pas déraisonnable de penser qu'en ce domaine l'intuition puisse être supérieure à la logique. La signification de notre existence est à ce prix.

L'animateur : Malheureusement, c'est tout le temps dont nous disposons. Mme Menotti, M. Trauer, je vous remercie sincèrement pour ce difficile mais intéressant débat qui, j'en suis sûr, aura fait réfléchir nos amis téléspectateurs. Bonsoir à tous et à la semaine prochaine, où nous aborderons la question de l'astrologie.

XI

Quelle philosophie
et pour quoi faire?

Une vocation philosophique

(Extraits du « Carnet de réflexion » de Francis P., doctorant)

Mercredi 10 mai 2000. Pourquoi ai-je choisi la philosophie ? Mon directeur de thèse, avec lequel j'ai tant de mal à m'entendre, me reproche à demi-mot de ne pas avoir vraiment la vocation. Pour lui, chez qui domine un désir d'ordre et d'aplatissement, ce qui compte avant tout dans notre discipline, c'est d'une part la maîtrise d'une érudition historique et textuelle, de l'autre une sorte de rationalité théorique qu'en réalité je ne saisis pas vraiment. Il affirme aussi qu'avant de prétendre à une pensée personnelle, il me faudrait acquérir une solide formation scientifique, chose qui me rebute et pour laquelle je n'ai aucune attirance. Sur ces deux plans, c'est juste s'il ne me traite pas d'ignorant. Je préfère ne pas m'opposer à lui, craignant son dogmatisme et sa partialité. Quand je l'ai choisi pour superviser ma recherche sur Spinoza, j'étais loin de me douter que les choses tourneraient de cette façon. Mais peu importe.

Ce que je voudrais, c'est tenter de mieux formuler pour moi-même la conception, si différente de la sienne, que j'ai de la philosophie et de son utilité (terme imparfait, mais je me comprends). Pour moi, la philosophie doit avant tout consister en une aventure de la réflexion, une démarche de recherche du sens par un sujet vivant et pensant. Son premier aspect, qui pourrait paraître, à tort, représenter une entreprise théorique

240 *Débats philosophiques*

comparable à celle des sciences, c'est l'interprétation de l'expérience vécue dans toutes ses dimensions, incluant la nature et l'homme, le déterminisme et la liberté, le désir et la contemplation, le temps et l'amour, la vie et la mort, l'ici-bas et l'au-delà. Mais son but véritable et profond est encore plus éloigné d'un simple savoir purement intellectuel : c'est, au-delà de la sagesse ou de l'art de vivre, le dépassement de soi et l'ouverture à la source énigmatique des choses.

Il s'agit d'embrasser le réel et la vie — mieux, de comprendre de l'intérieur l'identité fusionnelle du réel et de la vie, par-delà les repères et les interdits. Car tout est mouvement, dynamisme, vie et intériorité, mais la raison abstraite qui domine notre culture refuse de s'ouvrir à cette dimension de traversée, de passage et de transcendance qui constitue pourtant le cœur intime des êtres. J'ai la conviction, encore confuse, que philosopher véritablement, ce devrait être accompagner, par l'effort de pensée le plus grand possible, le travail secret de l'Être vers son accomplissement. (Si le prof M. lisait ces lignes, il les écarterait du revers de la main et me condamnerait sans appel, j'en suis certain.)

Lundi 15 mai 2000. L'étonnement n'est pas simplement le commencement de la pensée philosophique, comme on le répète souvent : il en est le principe permanent et intarissable. Ce que vise l'étonnement philosophique, c'est l'Origine radicale des existants, l'Être en son fond intelligible propre. Si philosopher, c'est remettre en question les évidences apparentes de la vie courante et de la culture établie, on comprend que l'étonnement métaphysique soit l'arme critique qui nous aiguillonne et nous pousse à interroger les apparences, à toujours chercher un sens ailleurs et au-delà des phénomènes sensibles. Car seul l'esprit peut conférer une signification au monde et à l'existence. Par la réflexion, le discours philosophique authentique, en dépassant tout intérêt contingent, révèle de l'insoupçonné. Si la vérité est dévoilement, la philosophie n'est-elle pas la pensée vraie par excellence, la seule qui mette au jour la complexité et la créativité de l'Être ? La philosophie doit être de l'ordre de la révélation.

Jeudi 8 juin 2000. La vérité de l'entreprise philosophique est indissociable d'une expérience originaire et intuitive de la subjectivité vivante. Sans elle, tout serait privé de sens. Or, le monde actuel repose sur le laminage du Sujet par la technique et par l'argent. Il est caractérisé par les idéologies totalisantes et la fausse certitude, avec cette fascination pour la pensée unique qu'on tente frauduleusement d'associer à la raison.

Autour de nous, c'est la mondialisation du kitsch, essentiellement conformiste et moraliste (télévision, variétés, cinéma hollywoodien), avec sa schématisation simpliste et son sentimentalisme factice. Résultat : des esprits gavés de sucreries médiatiques s'écrasent devant la barbarie banalisée de l'anesthésie communicationnelle et de la gestion généralisée — domination silencieuse et oppression « douce ». La prétendue culture populaire, qui accompagne le discrédit de toute vraie culture, nous voue à une société d'imitation et de spectacle, en plein processus de déshumanisation. Partout la veulerie, la complaisance, le simplisme, l'immonde, la perte du symbolique, le nivellement par le bas, le mensonge castrateur et l'indifférence à autrui.

Nous sommes ainsi condamnés à une pseudo-subjectivité déstructurée et prisonnière des fantasmes d'une industrie d'images-simulacres, zombis télévisuels victimes d'une uniformisation décervelante, rabaissés au rang de machines bionumériques asservies aux gadgets de la technosphère, simples relais de dépense dans le maelström de la consommation, à côté de quoi ne subsiste qu'une politique-fiction où les faux-semblants de la « démocratie » et du « marché » couvrent le règne d'une caste supranationale de la haute finance et du grand management, avec leur logique mercantile faite de coercition et de cupidité, ainsi que la démission complice d'États de plus en plus privatisés.

Rectitude politique, béhaviorisme ringard et techniques de marketing. Abdication devant les illusoires jouissances de l'achat, en une nihiliste et destructrice fébrilité marchande. Tyrannie de l'offre et de la demande, fièvre de la réussite, transes de l'accumulation, exclusions et violences. Une réalité restreinte, organisée, quantifiée, où l'humain et la subjectivité sont devenus irréels. Anesthésie des sens et autisme spirituel. Une colonisation accrue de la vie personnelle par la mode et une frénétique *envie* consommatrice. Une rationalité instrumentale, au service du profit, du contrôle gestionnaire et du totalitarisme mercantile, pseudo-religion dont les idoles s'appellent domination-violence, image-simulacre, capital-consommation, pornographie-paranoïa. Tout se ramène à l'expansion du conformisme : se laisser modeler par les opinions de la masse, des sondages et des cotes d'écoute, des sciences et des techniques, qui ne dérangent pas.

La vie postmoderne est ainsi écrasée par un dirigisme sournois, qui contrôle et manipule nos rêves, nos projets, nos désirs et nos volontés. Ventriloques communicationnels et guignols de la pseudo-démocratie nous tiennent lieu d'« intellectuels ». Partout la fragmentation et la désorientation de l'Esprit, sans parler de la régression au degré zéro de l'éthique ni de l'aplatissement des valeurs : placide indifférence aux autres et à la souffrance humaine ; annulation de nos liens de solidarité et de coresponsabilité par le système technoéconomique ; peur de la liberté ; dégoût du singulier et de l'humain en général. Une culture de la mort adaptée à une société suicidaire.

Eh bien, j'entrevois l'errance philosophique comme la gardienne d'une faible et vacillante lumière dans ce monde inhumain, celle d'une pensée critique et libre, d'une vie véritablement *commune* et passionnée de justice.

Vendredi 23 juin 2000. Contrairement au simple savoir objectif, si élaboré ou évolué soit-il, la réflexion philosophique nous aide en profondeur à vivre, à comprendre, à être, à agir, à juger et à croire. La raison abstraite a le plus souvent un aspect réducteur, pour ne pas dire destructeur et mortifère. Les sciences, de par les limitations inhérentes à leur nature propre, n'atteignent jamais qu'à des formes d'extériorité quantitative. Or l'homme est, irréductiblement et avant tout, intériorité subjective. La connaissance est tournée vers l'extérieur et le quantitatif, la pensée vers l'intérieur et le qualitatif. Mais si, au fond de tout, ne se trouvait véritablement que l'aspect matériel, inanimé, extérieur et mesurable, qui n'est en dernière analyse que non-sens et désordre, l'esprit humain serait une impossibilité et l'*humanité* n'existerait pas. La subjectivité n'est ni quantifiable ni objectivable, et pourtant n'est-elle pas l'*essentiel*?

Le «Je pense» cartésien n'est pas le résultat d'un raisonnement logique et abstrait, il traduit l'expérience existentielle du Sujet réflexif, expérience fondatrice de toute la philosophie moderne. La pensée ne part pas du monde sensible, elle part d'elle-même et son aboutissement réside dans la reconnaissance que partout il y a de la pensée et de la vie : la vie pensante est l'unité de l'Être, actif et infini. La conscience est originairement donatrice d'un monde : pas de monde sans esprit. En cela, face aux discours mutilants de l'objectivité, la conscience est subversive.

«Nous sommes prisonniers aujourd'hui d'une erreur étrange : la prédominance caractéristique des sciences modernes fait croire qu'on puisse tirer la connaissance de la science et que la pensée doive se soumettre au tribunal de la science. Mais ce qu'a à dire en propre le penseur ne se prête à aucune vérification ni réfutation d'ordre logique ou empirique. Ce n'est pas l'affaire non plus d'une foi. Cela ne prend forme que dans le questionnement. Ce qui prend forme dans la pensée se présente toujours comme problématique — *frag*-würdig» (Heidegger).

Jeudi 6 juillet 2000. La connaissance dite scientifique suppose une justification qui ne peut absolument pas être elle-même scientifique. En effet, la mise au jour des conditions de possibilité, et surtout des *limites de légitimité*, du savoir objectif, ne relève pas du tout de ce dont est capable ce savoir objectif lui-même. Certes, le réalisme non critique du sens commun est porté à s'imaginer que les données scientifiques seraient un reflet objectif et non problématique des choses. La moindre réflexion montrerait pourtant à quel point cette lecture est naïve. Le réel scientifique, loin d'être la révélation fidèle des objets tels qu'ils sont en soi, est une production de l'esprit. L'univers du connu est constitué par une activité opératoire de la « raison ». Ce n'est pas la pensée qui dépend de la réalité, mais la réalité qui dépend de la pensée.

Nos connaissances se forgent dans la relation entre le sujet et l'objet, et les sciences ne sont faites, par conséquent, que de représentations artificiellement construites. Mais cela, elles ne peuvent pas le dire : c'est leur *point aveugle*. Seule une analyse philosophique approfondie portant sur les conditions de possibilité du connaître peut faire ainsi ressortir le rôle déterminant de l'activité cognitive du sujet dans l'élaboration d'un ensemble de modèles des phénomènes. En outre, combien de scientifiques ont une conception du monde en dernier ressort *inintelligible* ? La qualité de leur formation n'a pas attaqué leur inclination positiviste première, qu'ils n'ont jamais critiquée. La philosophie, même si elle n'a pas le monopole de la pensée critique, me semble être la seule discipline à poser des questions du genre : « De quoi la réalité est-elle faite ? » et à pouvoir examiner les réponses que les humains y ont donné au cours de l'histoire de la pensée. N'est-il pas besoin d'une formation philosophique pour comprendre comment la vision mythique, qui a prévalu universellement pour plus de 99 % du temps de l'humanité, s'est muée en une vision métaphysique où des entités abstraites supplantèrent les divinités tout en incarnant encore une surnature ? La philosophie n'est-elle pas tout aussi nécessaire pour tirer des conséquences plus larges de nos savoirs ? La science actuelle est grosse d'une portée philosophique qui déborde largement le tableau des constituants élémentaires de la matière ; elle concerne directement le statut ontologique de l'univers naturel, ainsi que la question épistémologique des relations entre le sujet et l'objet.

Comment le prof M., qui se déclare sans honte «contre un excès d'histoire de la philosophie», peut-il douter que les grands penseurs du passé soient des interlocuteurs privilégiés pour les questions qui défient l'humanité? Je l'ai récemment entendu faire une sortie d'une insupportable grossièreté contre Platon, Nietzsche et Heidegger, les traitant de «penseurs réactionnaires, voire fascisants»! Quelle démagogie… Quel anachronisme dans le cas de Platon et quel manque de jugement, alors qu'il est évident pour moi que la pensée de Nietzsche est le *contraire* d'un fascisme! Quel détournement du projet nietzschéen, entièrement orienté vers l'émancipation de l'être humain de sa petitesse entretenue, de sa mentalité d'esclave face au moralisme et aux institutions ecclésiastiques — un appel à la volonté de vivre et de valoriser la Vie.

Mardi 11 juillet 2000. La raison ne peut rendre compte de l'essentiel. Certes, elle est l'un des instruments possibles d'une démarche philosophique. Mais cet instrument, nous sommes appelés à l'abandonner derrière nous lorsque nous atteignons le but propre du cheminement philosophique. Car le secret de la vraie métaphysique, à mes yeux, c'est de s'élever à une pensée suprarationnelle de l'Origine. Il s'agit de comprendre que l'originel est de l'ordre du retrait et de la dispensation: toute chose nous est donnée par l'Être insaisissable, qui seul peut engendrer l'existence. Cette absence donatrice, cette surabondance créatrice, n'est pas d'ordre naturel. La raison nous dit que la réalité n'a certainement pas pu sortir du néant. Mais si rien du réel empirique n'est la source ultime de l'être, ne faut-il pas voir là un indice que ce qui a tout fait jaillir doit nécessairement relever d'une autre dimension, située au-delà de la seule rationalité?

C'est pourquoi la philosophie ne suit une marche rationnelle que *jusqu'à un certain point seulement*, après lequel elle nous laisse au seuil de l'indicible Origine, qui exige de notre pensée le saut dans un surrationnel. Le mystère ontologique est inaccessible à la raison. Ce dépassement, en nous situant face à un autre plan, transcendant et plus profond, nous pousse à nous parfaire. C'est aussi pourquoi le langage philosophique n'a rien à voir avec celui des sciences : plus apparenté à l'écriture poétique, il cherche à ressaisir, par l'intuition et le détour, la source de toute vie, à évoquer l'ineffable, à faire affleurer dans la parole un imprononçable radical, la transcendance d'un Sens authentiquement vivant et universel.

Voilà dans quelle mesure le culte exclusif de la raison me semble une impasse. Notre réalité économicosociale est empoisonnée par un rationalisme étriqué que fustigent heureusement de nombreux penseurs philosophiques, non sans pertinence. Tout rationaliser est un projet *démentiel*. Si nous continuons à cultiver la raison comme unique idole et à diaboliser indûment et sans nuances l'irrationnel, nous perdrons les apports irremplaçables du sens commun, de l'éthique, de l'imagination, de l'intuition et de la mémoire, sans parler du respect envers la quête métaphysique. «Cette chose tant magnifiée depuis des siècles, la Raison, est la contradiction la plus acharnée de la pensée» (Heidegger).

Mardi 18 juillet 2000. La réflexion consciente, la liberté intérieure, l'émotion, l'imagination, la relation à autrui, le désir, la créativité, l'anxiété, la mort sont essentiels à la subjectivité humaine. Nulle science positive, heureusement, ne pourra jamais en rendre raison. Le noyau métaphysique de notre être relève du dynamisme créateur de la vie, qui nous guide du dedans afin de nous *ouvrir* à l'immanence éternelle du vrai, à la liberté, à la signification, au bien, à la beauté et au dépassement ultime. L'humain est cet être appelé de l'intérieur à devenir plus que lui-même pour accomplir sa vérité. Cela ne peut se prouver ni se démontrer. Le langage de la raison discursive doit ici céder le pas au vécu, à la méditation, au travail poétique de l'écriture et à la contemplation. Le savoir conceptuel est impropre à ressaisir le cœur intime de la vie pensante ; seule une intuition transcendante pourrait le faire. L'essence de la subjectivité est la liberté absolue et inconditionnée. (Allez donc expliquer ce genre de considérations au prof M.!)

Jeudi 20 juillet 2000. Méghane m'a demandé: «C'est bien beau tout ça, mais tu voudrais quoi, exactement?» Je n'ai rien su lui répondre et je ne fais que ruminer depuis quelques jours. Il faut que j'essaie de mettre par écrit ces idées, que malheureusement j'emprunte en partie à mes notes de lectures. Je voudrais être prêt à mourir pour défendre la liberté, me forger le courage de ne pas m'effondrer devant l'horreur du monde, trouver en moi la détermination qui commande le devoir de résistance. Je me sens proche du combat de l'artiste contre l'esprit bourgeois, proche de ces agressions qu'impliquent par définition le talent et le génie, de l'*affrontement* revendiqué par toute prise de parole un peu insolente. Pour moi, il s'agit de se soulever contre le désastre de la violence et le scandale de l'injustice. De refuser le sacrifice de l'individu à une machine économique, à un autoritarisme idéologique ou à un nouvel ordre mondial purement technologique et commerçant. Je vois mon engagement philosophique comme une forme de rébellion et de subversion intellectuelle.

Je voudrais être à la hauteur de la richesse complexe de l'existence dans ce qu'elle a d'émergent et d'expansif; à la hauteur de la fragilité du drame humain. Parvenir si possible à sursumer un travail de la mort dans la vie, de la différence dans le même, de la souffrance dans la mémoire, du mystérieux dans le connu. Défendre l'idée que non seulement il existe des questions sans réponses, mais qu'il est essentiel de les reposer sans relâche, en espérant que certaines convictions toutes faites, certains automatismes culturels, vont parvenir grâce à elles à être ébranlés. Cultiver le doute; faire preuve de scepticisme face à la soi-disant pureté de la pensée scientifique, bousculer la croyance qu'il n'existerait qu'un seul modèle de connaissance. Le plus vital pour moi, c'est l'exigence intellectuelle et morale, une culture novatrice et susceptible d'initier de nouvelles façons de penser, la réflexion approfondie, la pensée critique, la création esthétique, ou encore la littérature — art polyphonique du *sens de vivre*, restituant à chaque être sa dimension mystique.

Par-dessus tout, je me sens animé d'un désir d'éthique, d'une passion pour le changement et pour l'entraide. Il faut d'abord respecter l'autre et la souffrance d'autrui; prendre conscience de la réalité des autres, de leurs vies et de leurs expériences, développer notre commisération pour l'homme, qui doit s'étendre au respect envers tout vivant, car la Vie est sainte. Il faudrait interroger véritablement le sens profond de la réalité qui nous entoure et des événements qui s'y produisent, sans nous détourner de l'ambiguïté et de la complexité de toute situation humaine. Surtout, se mettre au service de l'émancipation et de l'autonomie du sujet; découvrir dans la subjectivité une puissance de création; se réapproprier et renouveler l'expérience subjective contre l'hégémonie d'une idéologie objectiviste du réel. Je rêve parfois d'une existence dont les manifestations intensives seraient création et amour, sacrifice et jeu, foi et angoisse, érotisme et révolte — extase ou effroi, art ou jouissance, excès ou rire, sacré ou poésie.

Mais mon but ultime, c'est certainement l'action en vue d'une redécouverte du «Nous» essentiel, en vue de la transformation sociale et d'un changement fondamental: faire advenir un autre genre de personne, avec un autre genre de relations interpersonnelles, nourrir et consommer d'autres représentations. Relier les êtres les uns aux autres et mettre en évidence le souci d'autrui et du partage, le souci du commun, la solidarité; raviver notre lien vital avec la nature; remettre à l'ordre du jour l'engagement politique, qui dynamise l'exercice de la liberté en proposant des synthèses et des choix de société. Être créatif, ouvert aux différences et à tout ce qui est autre, inconnu, inédit, à venir. Je voudrais me tenir dans l'aurore sans cesse renouvelée de la pensée, approcher d'une révélation du vivre et du mourir — habiter dans l'Ouvert qui seul pourrait faire naître un monde neuf.

Jeudi 3 août 2000. Les doctrines dominantes en philosophie me paraissent intenables et dangereuses. Le positivisme, le réductionnisme, l'empirisme, le matérialisme et le scientisme s'acharnent à dénier ce qui, dans l'âme humaine, relève de l'imaginaire, du spirituel, du symbolique, du tragique, pour tout ramener au physicochimique, aux déterminismes biologique ou social. C'est le triomphe d'un nihilisme de la signification qui mutile l'être humain. Pis, ces doctrines myopes sont totalement inadaptées quand vient le temps de faire face au problème le plus important et le plus élevé, celui des valeurs, de l'action et de la responsabilité. On ne tirera jamais des sciences une morale humaniste digne de ce nom. Seule une approche herméneutique, une pensée vivante et un langage habité par l'esprit, allant au-delà de la froide raison objective, peut y aspirer. L'élévation éthique qu'exige de nous la condition humaine est inconcevable sans l'amitié et l'amour, sans la générosité et la foi, sans l'espérance et la lutte, qui dépassent tout calcul rationnel pour faire signe vers une ouverture salvatrice.

Le cœur de l'éthique, c'est le respect du caractère inviolable de la personne humaine. Seule une reconnaissance préalable, au plan ontologique, de l'irréductible transcendance de la subjectivité, peut rendre viable un tel respect et le fonder sur des bases solides. Le nihilisme métaphysique contemporain en sape, au contraire, les fondements mêmes. Voilà à quoi devrait servir, selon moi, l'authentique philosophie : faire alliance avec l'Être, c'est-à-dire tenter tout ce qui est intellectuellement et spirituellement possible pour sauver la terre, la vie et l'*humanité* de l'Homme. Ne pas abandonner le monde aux réalistes et aux profiteurs : l'exigence morale est ce qui nous arrache, par une radicale remise en cause, à toute limite. L'injonction du déracinement nous mobilise : il nous faut refuser ce qui est, au nom de ce qui, secrètement, doit être ou tente d'advenir. Notre temps appelle une révolution d'un genre nouveau, indissolublement sociale et spirituelle. La pensée authentique est celle qui va à l'infini, vers l'amour et la justice.

Pour une conception modérée de la philosophie

Ma chère Louise,

Tu m'as demandé, lors de mon dernier passage à Montréal, récemment, si je trouvais que ce serait une bonne idée pour toi de t'inscrire en philosophie à l'université. Si je t'ai bien comprise, tu as lu l'an dernier, non pas en classe mais sous l'influence d'une amie, quelques petits textes qui ont éveillé ta curiosité pour cette discipline (tu as nommé, si ma mémoire est bonne, Camus, Nietzsche, de Beauvoir, Sartre et Kundera). Tu me disais alors qu'à part ces rares exemples tu n'as guère idée de l'univers ésotérique des philosophes, mais qu'il t'attire néanmoins.

Avant de répondre à ta question, et en espérant qu'un tel détour ne te rebute pas, je voudrais tenter de te brosser, de cet univers, un portrait aussi franc que j'en suis capable, après quoi nous en reviendrons à ton avenir.

C'est un cliché que *les philosophes ne s'entendent sur rien, pas même sur la définition de leur discipline*! Le fait est qu'après trente ans passés à enseigner la philosophie tu me vois incapable de t'assurer que beaucoup de mes collègues seraient d'accord avec ce que je vais te dire.

La philosophie, telle qu'elle est conçue aujourd'hui dans notre culture, est essentiellement une longue tradition culturelle occidentale, qu'on fait en général remonter à l'Antiquité grecque,

dont on retrace les développements à Rome et ensuite au Moyen
Âge chrétien en Europe, pour la voir s'épanouir à l'âge classique,
puis au siècle des Lumières et à l'époque du romantisme, particulièrement en Allemagne, en France et en Grande-Bretagne.
Dans des proportions variables, cette tradition se présente comme
une combinaison de cinq éléments principaux :

1) Un ensemble d'idées et de recherches de la vérité quant
à certaines grandes interrogations jugées fondamentales (par
exemple : De quoi le réel est-il fait ? Que pouvons-nous
connaître ? Dieu existe-t-il ? D'où venons-nous ? Que sommes-
nous ? L'histoire humaine a-t-elle un sens ? Sommes-nous libres ?
Qu'est-ce que la beauté ?) ;

2) Un ensemble de pensées, de réflexions ou de conceptions
portant sur la sagesse, la morale ou l'art de vivre (En quoi
consisterait le vrai bonheur ? Comment pouvons-nous distinguer
le bien du mal ? Quelle serait la meilleure attitude face à la
souffrance et à la mort ? Comment devrions-nous vivre ? Que
serait une société juste ?) ;

3) Tout un corpus de textes classiques, parfois extrêmement
abstraits, difficiles ou obscurs, écrits sur ces deux types de
questions par quelques dizaines de maîtres penseurs (tels Platon,
Aristote, Descartes, Hume, Kant, Hegel, Wittgenstein, etc.)
— corpus sans cesse enrichi au vingtième siècle par de nouvelles
contributions multiformes mais de valeur encore incertaine,
accompagné d'une kyrielle de commentaires, de débats, d'inter-
prétations successives et souvent opposées quant au sens et à
la portée des théories de chaque auteur considéré, et duquel se
dégagent les grandes figures de quelques penseurs mythiques
adulés par leurs disciples au même titre que peut l'être un
écrivain, un gourou ou un artiste (Épicure, Pascal, Marx,
Kierkegaard, Nietzsche, Heidegger, Sartre) ;

4) Quatre ou cinq doctrines ou « écoles de pensée » divergentes et plus ou moins bien délimitées ou entremêlées, qui
surnagent dans tout cela, chacune ayant d'ailleurs ses versions
concurrentes ainsi que ses partisans ou adversaires aussi passion-

nés les uns que les autres : spiritualisme et idéalisme classiques, fréquemment d'inspiration chrétienne ; matérialisme scientiste, souvent associé au darwinisme et au marxisme ; vitalisme romantique ; humanisme rationaliste ; positivisme, empirisme et scepticisme ; existentialisme ; structuralisme… (Ce genre de liste fait l'objet d'innombrables querelles de frontières et d'interprétation, parfois combinées avec des enjeux idéologicopolitiques.) ;

5) Enfin, toute une tradition universitaire d'étude détaillée, le plus souvent mi-historique, mi-herméneutique, des quatre aspects précédents — dimension «savante» qui domine la formation supérieure, vouée davantage à l'érudition qu'à la pensée personnelle (ce dont beaucoup d'étudiants, impatients d'affirmer leurs vues, semblent souffrir).

Au sujet des deux premiers points, notre discipline est tiraillée de l'intérieur entre d'un côté la position voulant que la philo serve à vivre, à trouver un sens à sa propre existence, à changer en quelque sorte le monde, à fonder, subvertir ou transmuer les valeurs ambiantes, à s'interroger toujours et encore, questions et questionnement toujours recommencés, que chacun doit reprendre à son compte — à ce titre, entreprise «existentielle» ou vitale, pour laquelle le rapport avec la vie subjective serait premier —, et de l'autre côté celle voulant plutôt que la philo serve d'abord à comprendre le monde et la société, étant d'abord une entreprise rationnelle d'interprétation globale du réel, assise sur tout l'acquis des sciences, de l'ordre d'un savoir théorique «extrapolé» en quelque sorte — le rapport avec la vie subjective devenant alors second et celui avec le réel objectif, premier. Bref : sagesse ou savoir. À moins qu'idéalement ce ne soit les deux en parallèle et de manière complémentaire.

Pour compliquer encore les choses, tout cela existe actuellement en deux principales variantes, d'une part ce que dans les pays anglophones on appelle «philosophie continentale» (France ou Allemagne, avec des noms comme Schopenhauer, Husserl, Bergson, Adorno, Foucault, Derrida ou Habermas), d'autre part ce qu'on baptise «philosophie analytique anglo-saxonne » (dont les références seraient plutôt Frege, Peirce, Carnap, Russell, Searle ou Quine). Chaque tradition traite souvent l'autre comme une curiosité entachée de défauts rédhibitoires, mais je pense que ce n'est pas le lieu ni le moment d'essayer de t'expliquer davantage leurs différences.

Cela dit, j'irai droit au but. Tu me connais assez pour savoir quel genre d'homme je suis. Je passe en général pour un esprit vif, d'une assez vaste culture tant scientifique que philosophique, ayant publié de nombreux ouvrages qui m'ont valu une certaine reconnaissance. On me considère le plus souvent comme un polémiste redoutable, sans pitié pour mes adversaires. Je m'efforce de défendre avec vigueur et intransigeance des positions assez radicales : réalisme, naturalisme, scientisme, humanisme athée, socialisme démocratique, etc. À mes yeux, il ne fait guère de doute que des auteurs comme Heidegger ou Derrida sont de purs rhétoriciens, voire de dangereux imposteurs. Je m'inscris à ma façon dans une lignée allant d'Aristote aux matérialistes du dix-huitième siècle en passant par Hobbes ou Spinoza. Cela fait de moi un marginal bien peu représentatif, et c'est pourquoi je ne saurais trop te conseiller d'aller consulter aussi d'autres professeurs de philosophie, bien différents les uns des autres si possible, avant de prendre ta décision.

Ces préliminaires une fois posés, je ne te cacherai pas ma façon de voir. Je crois que la philosophie est dans un bien triste état. En théorie, elle devrait nous montrer la voie de la sagesse, de la pensée critique et de la raison. En réalité, il y règne une atmosphère de surenchère débridée : à qui soutiendra l'opinion la plus originale, la plus paradoxale, la plus extrémiste ou la plus obscure. Des thèses « classiques » en philosophie peuvent, sans que cela soulève trop d'inquiétude, être du genre : « l'a priori est la condition transcendantale de possibilité de toute connaissance » ; « l'État est le rationnel en soi et pour soi » ; « la folie est la vérité » ; « la différance engendre originairement les différences » ; « le néant néantise dans l'être », et autres oracles incompréhensibles ou invraisemblables. L'irrationalisme déclaré est fort éloigné d'être l'exception en philosophie (comment faire entrer sans rire Plotin, Kierkegaard ou Nietzsche sous la rassurante catégorie œcuménique de «pensée rationnelle»?). Même chez certains philosophes d'obédience «rationaliste», comme Hegel, on trouve des raisonnements d'une bizarrerie insigne, qui attentent aux critères minimaux de l'intelligibilité et du sens commun. On a pu récemment taxer, preuves à l'appui, plusieurs grands philosophes de pure et simple *folie*[1]!

Pour les uns, on ne peut rien savoir de certain du monde extérieur, pour d'autres l'homme n'est qu'un chimpanzé à peine plus intelligent, pour un troisième la conscience relève du «néant». Il s'est trouvé quelqu'un pour défendre l'idée qu'après l'Holocauste on devrait admettre que *Dieu existe mais Il est faible et non tout-puissant*. Celui-ci professe que *la réalité objective n'est qu'une illusion et le monde un simulacre*, celui-là que *l'homme est un mythe*, cet autre que *le libre arbitre est de l'ordre du transcendant*. Untel enseigne que *toute chose est la trace d'une absence*, le suivant soutient que *la culture de l'Occident actuel est une forme de barbarie*, un autre qu'*il n'y a aucune différence entre sciences modernes et magie archaïque*, celui-ci explique que *la libération humaine est au capitalisme ce que la schizophrénie est à la paranoïa*, un dernier que *le divin se manifeste à nous par le visage d'autrui*, et je pourrais continuer — étant admis que *le paradoxe est l'expérience limite où la pensée éprouve sa propre essence*...

Faux-semblants, sophismes, délires mal contrôlés, jugements à l'emporte-pièce, spéculations débridées, snobisme du paradoxe, culte de la provocation, radicalisme hypercritique, vaticinations totalitaires, irresponsabilité, érudition gratuite et déboussolée, trahison des textes et réécritures fantasmagoriques des classiques: on croirait la nef des fous! Est-il besoin d'ajouter que chacun, en privé, ne se gêne pas pour qualifier d'imbéciles ou d'imposteurs ses plus éminents collègues?

---

1. D. Stove, *The Plato Cult and Other Philosophical Follies*, Oxford, Blackwell, 1991.

J'ai assisté récemment à une conférence dans laquelle un vieux philosophe s'efforçait de dire des choses claires et raisonnables, appuyées sur des arguments explicites et fondés. À la sortie, ce n'étaient que reproches fusant de toute part : « platitudes, banalités, truismes, lieux communs, poncifs, ennuyeux… » — comme si l'objet de la philosophie résidait dans l'excentricité et non d'abord dans la vérité. Furieux, un Européen de passage déclarait que si les sciences sont limitées au donné et à l'information, la philosophie elle, vouée au beau risque de penser sans balises, devrait plutôt jouer hardiment de l'interprétation et du style : les simples réalités factuelles ne l'intéressent guère et elle préfère émettre des hypothèses qui, pour extravagantes qu'elles paraissent, stimulent l'esprit mieux qu'une plate vérité, certaines fulgurances géniales nous éclairant davantage que les pesantes démonstrations des spécialistes ! Selon lui, un véritable philosophe ne pouvait être qu'un énergumène abrupt et démesuré, un monstre excessif et téméraire emporté par le rêve de tout transfigurer. J'étais horrifié.

Dans mes mauvais jours, il m'arrive de penser que cette *folie philosophique* est avant tout le résultat d'une recherche de distinction, et de voir l'institution philosophique comme socialement mandatée pour produire des idées aptes à jeter le discrédit sur les gens ordinaires et la vie bassement pratique, avec pour résultat que, même si c'est à son insu, le philosophe veut surtout éviter toute pensée prosaïque ou plébéienne, si vraie et bien fondée soit-elle. Des théories absurdes mais *très distinguées* requièrent ainsi des trésors de rhétorique et d'érudition extrêmement élaborés ou subtils, sans lesquels l'invraisemblance du contenu risquerait de transparaître — ce qui, bien entendu, nuirait à l'impression de *distinction supérieurement sélective* qu'elles sont censées produire.

Je souhaiterais qu'un miracle ramène la philosophie à la raison, au bon sens, au juste milieu. Mais il faudrait, j'en ai peur, être vraiment naïf pour escompter un tel prodige.

Par hasard, dans un magazine, je viens de rencontrer, exprimée contre toute attente par un grand humaniste littéraire, la conviction à laquelle j'essaie de me raccrocher : « Je crois que l'on peut trouver, dans les sciences, une morale de la vérité, une poétique de demain, un sens de l'avenir qui pourraient être le germe de certains critères d'excellence humaine. Là où les systèmes philosophiques nous ont fait défaut, la science reste active. Nous sommes face à trois grands défis : la création de la vie in vitro, qui va bouleverser le droit, la politique, la philosophie ; l'analyse de la conscience humaine, du Bewusstsein en tant que mécanismes neurochimiques ; et enfin la théorie de l'Univers de Stephen Hawking et de ses collègues. Comparé à cela, qu'est-ce que le poststructuralisme ou le postmodernisme [2] ? »

Je suis prêt à reconnaître que la pensée scientifique a ses limites et qu'elle est loin d'être parfaite ou d'atteindre des vérités absolues. De plus, elle ne nous saurait tenir lieu de sagesse — mais quelle sagesse pourrait se fonder sur l'illusion, l'ignorance ou l'erreur ? Je ne voudrais pas paraître opposer les sciences, pures et vraies, à la philosophie, irrationnelle et inutile. Je verrais plutôt d'un côté ce qui contribue à promouvoir la recherche de la vérité dans l'esprit des Lumières (pensée scientifique, groupes « sceptiques », philosophies rationnelles et soucieuses de leur compatibilité avec les savoirs existants, humanisme démocratique, écologisme pragmatique, etc.) et de l'autre tout ce qui repose sur un rejet du rationalisme moderne (métaphysiques du surnaturel, mais aussi anarchisme épistémologique, théologies négatives, relativisme postmoderne, fondamentalismes en tout genre, idéologies du Nouvel Âge, etc.).

Je rêve parfois du jour où la philosophie retrouverait le souci de la clarté, une modeste rigueur rationnelle, la simple honnêteté intellectuelle, le respect minimal des gens ordinaires et de la réalité objective, le sens des responsabilités, le goût de la vérité, la retenue dans les controverses, la circonspection dans

---

2. « Entretien avec George Steiner », par Dominique Simonnet, *L'Express international*, nº 2582, 28 décembre 2000, p. 9.

l'érudition et le commentaire — ces vieilles valeurs aristo-téliciennes auxquelles je suis attaché mais que les modes de notre joyeuse époque nihiliste ont reléguées au magasin des accessoires kitsch, dépassés et risibles.

Je serais curieux qu'on fasse innocemment passer à un échantillon représentatif de diplômés en philo, sur des thèmes comme «conscience et corps», «valeur de la science», «nature humaine», «espace et temps», etc., un questionnaire habile-ment tourné (prétendument pour tester leur vocabulaire, par exemple, mais en leur demandant de n'écrire que ce qu'ils pensent vraiment). Je parierais qu'on serait stupéfait de voir à quel point leur pensée est foncièrement préscientifique, inculte et coupée du réel. Pourtant, la formation le plus prometteuse ne résiderait-elle pas dans une combinaison des deux: bonne connaissance des idées philosophiques et bonne culture scienti-fique? En attendant, si j'avais des enfants, je dois finalement t'avouer avec dépit que j'aurais du mal à leur conseiller ma discipline, que pourtant je continue de chérir à ma manière.

Mais j'arrête ici ces divagations et j'en reviens à l'essentiel pour toi. Soyons justes. Malgré les réserves que je viens d'expri-mer, la philosophie n'est ni une drogue ni un poison et il serait exagéré de lui attribuer un pouvoir maléfique qu'elle n'a pas. Si la spéculation t'attire, si tu aimes lire des essais philosophiques, si tu es curieuse de pensées ambitieuses et audacieuses, n'hésite pas: qu'elle soit ou non dans un creux de vague historique, la philosophie mérite assurément notre passion. Ce sont peut-être des jeunes comme toi qui me feront bientôt mentir et démon-treront que mon pessimisme était mal fondé!

Je t'embrasse,
Ton oncle Jean-Max

Table des matières

Achevé d'imprimer en octobre 2002,
sur les presses d'AGMV Marquis
Cap-Saint-Ignace, Québec